民族之魂

机智灵活

陈志宏◎编著

延边大学出版社

图书在版编目（CIP）数据

机智灵活/陈志宏编著 . —— 延吉：延边大学出版
社，2018.4（2023.3 重印）
（民族之魂/姜永凯主编）
ISBN 978-7-5688-4487-1

Ⅰ.①机… Ⅱ.①陈… Ⅲ.①品德教育—中国—青少
年读物 Ⅳ.① D432.62

中国版本图书馆 CIP 数据核字（2018）第 069497 号

机智灵活

———————————————————————————

编　　　著：陈志宏
丛 书 主 编：姜永凯
责 任 编 辑：王　静
封 面 设 计：映像视觉
出 版 发 行：延边大学出版社
社　　　址：吉林省延吉市公园路 977 号　　邮编：133002
网　　　址：http://www.ydcbs.com　　E-mail：ydcbs@ydcbs.com
电　　　话：0433-2732435　　　　传真：0433-2732434
发行部电话：0433-2732442　　　　传真：0433-2733056
印　　　刷：三河市同力彩印有限公司
开　　　本：640×920 毫米　　　1/16
印　　　张：8　　　　　　　字数：90 千字
版　　　次：2018 年 4 月第 1 版
印　　　次：2023 年 3 月第 2 次印刷
ISBN 978-7-5688-4487-1

———————————————————————————

定价：38.00 元

人有灵魂，国有国魂；一个民族，也有民族魂。

鲁迅先生曾经说过："唯有民魂是值得宝贵的，唯有他发扬起来，中国才有真进步。"

鲁迅先生以笔代戈，战斗一生，曾被誉为"民族魂"。

民族魂，顾名思义，就是一个民族的灵魂！民族魂，是一个民族的精髓，体现了一种民族的精神，是一个民族生存和存在的精神支柱。

什么是中华民族的民族魂？那就是中华民族精神！它是中华民族凝聚力的理念核心，是中华文明传承的基因。它包含热烈而坚定的爱国情感，对生活的美好愿望和追求，为目标努力奋斗的拼搏毅力，为正义事业不惜牺牲自己的精神，以及正确的人生观和价值观。

前 言

翻开浩瀚的中国历史长卷，我们可以看到数不胜数的，体现民族精神和民族魂的英雄人物和可歌可泣的感人故事。

民族魂，不仅体现在爱国主义精神和行动中，而且体现在各个领域自强不息的民族奋斗中。而中华民族精神的力量，更是深深植根于延绵几千年的传统文化之中，始终是维系中华各族人民共同生活的纽带，是支撑中华民族生存和发展的精神支柱，是不断推动中华民族前进的强大动力。

民族魂体现在"重大义，轻生死"的生死观中；民族魂体现在"国家兴亡，匹夫有责"的使命感中；民族魂体现在"我以我血荐轩辕"的大无畏精神中；民族魂

体现在将国家利益置于最高的爱国情怀中！

纵观中华五千年文明史，曾经有多少杰出的政治家、军事家、思想家、文学家、科学家、艺术家；曾经有多少忧国忧民、鞠躬尽瘁的仁人志士；曾经有多少抗击外敌、英勇献身的民族英雄。他们或顺应历史潮流，积极改革弊政，励精图治，治国安邦，施利于民；或为人类进步而不断进行着农业、工业、科技、社会等各种创新；或开发和改造河山，不断创造着灿烂的中华文明；或英勇反击外来侵略，捍卫着国家主权和民族尊严；或坚决反对民族分裂，维护国家的统一……他们从不同的侧面，体现了中华民族的民族魂，谱写了几千年中华文明的壮丽诗篇，铸造了中华民族高尚而坚不可摧的"民族之魂"。

民族魂，就是爱国魂。从屈原在汨罗江边高唱的《离骚》，到文天祥大义凛然赴死前的"人生自古谁无死，留取丹心照汗青"的诗句；从岳飞的岳家军抗击入侵金兵，到郑成功收复台湾；从血雨腥风的鸦片战争，到硝烟弥漫的十四年抗战，再到抗美援朝的隆隆炮声……哪个为国捐躯的英雄不是可歌可泣的？

民族魂，就是奋斗魂。从勾践卧薪尝胆，到司马迁秉笔直书巨著《史记》；从鉴真东渡传播佛法终在第六次成功，到詹天佑自力更生建铁路；从袁隆平百次实验成为"水稻之父"，到屠呦呦的青蒿素获得诺贝尔奖……哪个不是历经艰难，最终取得成功？

民族魂，就是改革献身魂。从管仲改革到商鞅变法；从王安石变法到百日维新……哪次变法图强不是要冲破旧势力的阻挠，或流血牺牲？

民族魂，就是创新魂。古有毕昇发明活字印刷，今有王选计算机照排；古有指南针、造纸术、火药、浑天仪、地动仪的发明，今有神舟号的相继飞天……哪个不是中华民族的智慧结晶？

自古以来，多少仁人志士为了维护人格的尊严和民族气节，以生命为代价！留下了"玉可碎不可污其白，竹可断不可毁其节"的称颂；有多少英雄豪杰，为理想和事业奋斗，面对死亡的威胁，大义凛然；有多少爱国壮士面对侵犯祖国的列强，挺身而出而献出生命。

伟大的中华民族孕育了五千年的辉煌，五千年的历史留下了璀璨的中华文明。

前 言

中国人的血脉流淌着顽强不屈的精神！我们的先辈用血汗和生命铸就了不朽的中华民族魂！换得如今中华大地的一片祥和安宁，换得我们现在的幸福生活。如今，我们要实现习近平主席提出的中国梦，依然需要我们秉承祖辈留下的这种"民族魂"。

青少年是国家的希望，亦是民族的未来。因此，爱国主义教育和励志图强教育要从青少年开始。为了增强对青少年的民族精魂和志向教育，我们精心编写了本套丛书——《民族之魂》丛书。

本套丛书将我国有史以来体现民族精神和民族魂的典型事迹，以通俗易懂的语言故事形式展现出来，适合青少年的阅读水平和欣赏角度。书中提供的人物和事件等故事，涉及社会的各个方面，有利于青少年学习和理

解，使读者能全方位地领悟中华民族精神。

　　为了帮助读者更好地理解和吸收故事的精神，编者在每篇故事后还给出了"心灵感悟"，旨在使故事更能贴近现实社会，让读者结合自身的需要学习领会，引发读者更深入的思考。

　　希望读者们可以从本套图书中获得教益，通过阅读，真正体会到中华民族之魂所在，同时能汲取其精华，不断提升自己各方面的素质和品格，为祖国新时代的建设和发展做出努力。

　　全套丛书分类编排，内容详尽，风格独具，是广大读者尤其是青少年爱国励志教育的优秀阅读材料。相信本套丛书一定可以成为青少年朋友的良师益友。

民族之魂

　　"机敏善识"的核心是"敏"。"敏"的含义很多，诸如"敏瞻"（敏捷多智）、"敏睿"（敏捷聪慧）、"敏疾（反应迅速）、"敏才"（才思敏捷）等，而"机敏"的前提是"善识"，没有远见卓识何谈"机敏"？"机敏善识"这句话易于理解，却不容易做到。

　　一个人若想做到"机敏善识"，最重要的是积累经验、广博学识与修养品格。现代社会中兴起的各类名目的进修班、培训班、专业辅导班等，主要是适应社会发展快节奏的需要，更新、充实原有的知识结构，提高学识水平，其目的之一是加速"机敏善识"素质的提高。"机敏善识"也应是领导者、管理者、普通民众、青少年必不可少的必修课。另一方面，还要注重德操与才智培养的辩证关系。德操是才智的基础，没有良好的品德修为，聪明才智就没有基础，即便头脑机敏也难成大器，它不仅是一个人立身处世的必备素质，也对领导者更好地执政为民、对管理者及企事业的开拓与发展、对社会整体的素质教育都具有潜在的意义。

　　21世纪的今天，市场经济形态的多元化带来了观念的更新，"机敏善识"的素质培养不但没有弱化，反而越发显示出其重要性。当今，经济领域中浓郁的"商战"态势、开拓与发展经济、复杂多变的内政外交形势、日常生活中的人际关系、面临突发事件，诸如火灾、水灾、地震、暴力、涉案等关键时刻，能做到及时处理与化解，能做到随机应变，立于不败之地，"机敏善识"依然是至关重要的条件。

在本书中，我们精心编选了一些"机敏善识"范畴的人文典故，他们或因其高超的语言技巧、果断正确的决策、临危自若的应变能力、日常人际间的精妙解难，在内政外交、重大战事、突发事件、民间趣闻中，以超常的睿智成就大业而传为佳话者。希望读者通过对本书的阅读，从中受益，使之对自己的学习、工作和生活起到一定的启迪作用。

目录

CONTENTS

第一篇

有智者明事保身

贾诩善抓战机取胜

贾诩（147—223），字文和。武威姑臧（今甘肃武威）人，三国
时期魏国著名谋士，官至太尉，谥曰肃侯。

汉献帝刘协离开长安后，宣威将军贾诩就交回印绶，到华阴去投靠宁辑将军段煨。贾诩在海内很有名望，段煨的将士们都很仰慕他，段煨对他的礼遇也十分周到。可是，贾诩却暗中策划投奔建忠将军张绣，有人不解地问："段将军对足下如此优待，足下还要到哪里去？"

贾诩回答说："段煨性情多疑，嫉贤妒能，虽然现在对我礼遇周到，但早晚会反目成仇。我现在离开，他一定很高兴。张绣军中没有谋士，也愿意我去，我为什么不去呢？"果然，贾诩离去后，段煨很高兴，并善待贾诩的家属。

贾诩来到张绣军中，张绣对他十分敬重。东汉献帝建安三年（198）三月，司空曹操率领大军包围穰城，再次进攻张绣。后来，曹操听说大将军袁绍准备乘虚袭击许昌，就赶紧撤军，回保许昌。

张绣见曹军撤退，立即率军追赶，贾诩劝阻说："不可追击，追则必败。"

张绣不听，结果大败而回。贾诩站在城墙上，对张绣大声喊："赶快再去追击，这次肯定获胜。"

张绣满面羞愧，向贾诩道歉说："刚才没听文和的话，被打得一败涂地，为什么还要再追？"

贾诩说："兵势变化无常，赶快追击！"

张绣一向信服贾诩的话，就收拾残兵败将再去追击，果然大败曹军。张绣见到贾诩，不解地问："我用精兵追击退军，文和说必败无疑；用败兵去追击胜军，文和却说必获全胜。结果都在文和的预料之中，是什么原因？"

贾诩微微一笑，说："道理很简单。将军虽善于用兵，但不是曹操的对手。曹操刚退兵，必然亲自断后，将军去追一定会失败。曹操进攻将军，既没有指挥失当的地方，又没有耗尽力量，却突然撤退，一定是他的后方发生变故。他击败将军的追兵，就会率精兵轻装速进，而留下其他将领断后。这些将领不是将军的对手，所以将军率败兵去追，也一定会获胜。"

张绣连连点头称是，对贾诩更加敬服。

□故事感悟

兵无常势，水无常形。贾诩洞悉曹操一方的有备和无备，机智地抓住战机，一举击溃了曹操的后军，取得胜利。这段史实给后人以很大启迪，也丰富了中华民族的思想宝库。

□史海撷英

贾诩智助曹操破马超

建安十六年（211），以骁将马超、韩遂为首的十部联军，聚集10余万人马据守潼关抗曹。马超受挫后，提出划河为界的议和条件，被曹操拒绝。马超多次前来挑战，曹操坚守不出，使马超欲急战速胜不得。九月，马超再次提出划地为界的要求，并送子为人质。贾诩认为可以表面上假意应允，麻痹对方，实际积极准备，伺机歼敌。曹操又问计于贾诩，贾诩说："离之而已。"曹操用其计，利用过去与韩遂的友谊，故意在两军阵前和他叙旧；又故意涂改给韩遂的书信，使之落到马超手里，引起马超的疑忌，促使他们内部矛盾激化。曹操见时机成熟，便对关中军发起进攻，最终大胜而归。

太守巧查匿名人

国渊（生卒年不详），字子尼，青州乐安盖县（今山东沂源东南）人。三国时期曹魏官吏，官至太仆。

东汉末年，有人往京城里投递匿名信，信中颠倒黑白，混淆是非，对朝政大肆诽谤。这封匿名信传到了曹操的手里，他看了十分恼火，一定要知道是谁写的，于是招来几个大臣，要他们议一议追查的办法。

魏郡地盘很大，人口众多，要查清写匿名信的人是谁，如同在茫茫的大海里捞取几根绣花针，从哪儿下手呢？几个大臣议论来、议论去，有的主张遍地开花，通令全郡一齐追查；有的提出漫天撒网，叫所有会写字的人各写一张字条，然后集中起来查对笔迹。这些办法，曹操都不满意，说是惊动太大，会造成人心不安。

怎么办呢？几个大臣正在为难，可巧京城太守到宫里有事，曹操就把匿名信递给他，要他出出主意。

京城太守名叫国渊，这人做事肯动脑筋，机灵得很。他接过匿名信，翻来覆去看上好多遍，心中有了数，就对曹操说："丞相，这个案子，不用惊动太多的人就能查清，请交给我办吧。"

曹操高兴地问："有把握吗？"

"有！"国渊说，"不过，追查之前，我有两个请求。"

曹操说："只要能把写匿名信的人查出来，别说两个请求，十个八个我也答应你。快讲吧！"

国渊说："一，这封匿名信请让我暂时保存；二，匿名信的事儿，请您命令朝臣不要声张出去。"

曹操点点头，答应了。

国渊带着匿名信回到府衙，把下级官员召集在一起，指示说："咱们魏国的京城里，学识渊博的人很少，要注意培养人才。为此，我想选拔聪明的年轻人去拜师求学，希望你们赶快推荐。三日之内，要把书生选好送来，不得有误！"

下级官员怎敢怠慢，不到三天，就送来了一批年轻而又聪明的书生。国渊从中挑选了三个最机灵的，问道："你们读过《二京赋》吗？"

三个书生一齐摇头，都说没有读过。

国渊说："《二京赋》是一部知识广博的书，可惜被人们忽略了，你们要找到会讲这部书的人，向他学习。"

接着，国渊又把自己的破案意图告诉了三个书生，要他们严守机密，及时汇报。

三个年轻人按照国渊的要求，在京城内外到处打听走访，说是想学《二京赋》，希望有人能够传授。被打听、走访的人见这几个书生积极求学，投师心切，都乐意给他们指点线索。张介绍李，李介绍王，王介绍赵，就像滚雪球似的，三个书生在热心的人们指点下，拜访了好些文人学士，终于找到两个会讲《二京赋》的人。

书生把情况报告给国渊，问下一步怎么办。国渊一面要求书生诚心

诚意地向那二人学习知识；一面安排两个官员，叫他们装扮成不识字的土财主，分头去请那二人代写书信。

不久，两封书信拿回来了。国渊把书信和那匿名信摆在一块，一笔一画都认真仔细地作了比较，发现其中一封信的笔迹和匿名信的笔迹丝毫不差，完全相同。于是，他马上派出公差，把这封信的书写者传到府衙。一审，匿名信果然是此人写的！

查清这个案情，只用了十多天的工夫，案子破得准、破得快，因此，不能不说国渊这人机敏过人。然而，这其中的奥妙在哪儿呢？就在于国渊抓住了问题的要害。他在阅读匿名信的时候，发现信里有好多处引用了《二京赋》中的语句，就晓得书写者学识渊博，不是一般的读书人。有了目标，追查的网也就不用到处乱撒了。

■故事感悟

太守国渊排除漫天撒网法，巧妙断案，该事例表明，对任何事情的处理都不要盲目进行，只有掌握了问题实质，抓住重点，才有可能获得解决问题的诀窍，这也是一个人的智慧所在。

■史海撷英

太仆

一种官名，始置于春秋。秦、汉沿袭，为九卿之一，掌皇帝的舆马和马政。王莽一度更名为太御，南北朝不常置。北齐始称太仆寺卿，历代沿置不革。清废。

《二京赋》

《二京赋》是东汉时期张衡赋作中的代表,包括《西京赋》《东京赋》两篇。其中二京,指汉的西京长安与东京洛阳。《二京赋》始草于汉和帝永元八年(96)张衡19岁时,完成于安帝永初元年(107)张衡30岁在南阳主簿的任上,可以说是他历时10年才完成的作品。

《二京赋》在结构谋篇方面完全模仿《两都赋》,以《西京赋》《东京赋》构成上下篇。《西京赋》描写长安的奢华无度,《东京赋》描写洛阳的俭约之德、礼仪之盛,以为对比;歌颂东汉,是要他们汲取西汉的教训,悔而改之。这两篇赋的体制比班固的赋更宏大、更细致、更有特色。除了像它以前的此类赋一样,谱写东西南北所有以及宫室、动植物外,还写了许多民情风俗。

罗际买马辨盗贼

罗际（生卒年不详），晋朝时人，曾任吴县县令，因治县严谨，深得民心。

晋朝时，罗际任吴县县令，治县严谨，颇得民心。

有一天，一个老人急匆匆地前来报案，他气喘吁吁地说："大人，我的马昨天晚上被偷了。"罗际见老人急得满头大汗，不禁同情地问道："老人家，你的马长得什么样子啊？"老人叹息着回答道："唉，都怪我马虎，才让偷马贼钻了空子。那可是一匹好马呀！四岁口，个大脊宽，四蹄雪白，身上红得像火炭一样，跑得飞快，干起活来也非常卖力。"

"老人家，您晚上睡觉的时候就没有听到什么动静？"老人略一思忖，说："我睡到半夜时分，突然听见一群马叫了一阵，听声音好像是马贩子赶着马从我村上经过，所以我就没有在意。"罗际问毕，计上心来，于是当下便胸有成竹地安慰老人说："你回去吧，等马找到了，你再过来领马。"老人将信将疑，离开了县衙。

第二天，罗际就叫人在城门口贴出布告，上面写道："本知县奉朝廷之命，出1000纹银买一匹个大脊宽、毛如火的四岁口的大马，望养此马者速来县衙面议。"百姓看了布告后，眼睛都睁得大大的，可都摇摇头走开了。他们寻思：平常人家，别说是好马，就是劣马也买不起呀。谁家要是有这样的马，可真是发了大财了！人们一时间议论纷纷，竞相宣传，不到半天时间，全城的人都知道了。一些大户人家前前后后送来好几匹好马，但都和布告上所说的不同，只得又牵走了。

罗际看到这种情况，心想："我就不相信你这个盗马贼不来，这么多的银子你就能不心动？"想到这，他便悠闲地喝起茶来。过了不久，果然有个马贩子模样的人探头探脑地送来一匹马，这匹马居然与布告上所说的马一模一样。罗际一看，非常激动，他想："这下好了，老人家的马终于找到了。"他虽然高兴异常，脸上却装出镇定的样子，只是对盗马贼说要去取银子，先稳住了马贩子，然后立即叫衙役把那老人请来。

那马一见到老人，两蹄高高腾空，鬃发竖起，张开嘴巴就是一阵嘶鸣。它一下子挣开马贩子手中的缰绳，跑到老人的身边，还亲热地舔老人的手。老人高兴地说："就是这匹！就是这匹！大人，你可帮了我的大忙了！"马贩子这才大惊失色，方知是中了罗县令的计谋。

■故事感悟

熙熙攘攘，皆为利往，罗县令深谙此理，机智地运用了这一人性的弱点抓住了偷马贼。从该案例可以得出一个结论，即利用盗马人贪财的本性，在关键的时刻为自己所用，立竿见影。

■史海撷英

刘裕灭东晋

刘裕消灭若干异己后，为了名正言顺地称帝，先后发动两次北伐。当

时南燕慕容超屡屡入侵，409年，刘裕率军伐南燕，于次年攻破南燕都城广固（今山东青州市），擒杀慕容超，南燕亡。而后因卢循叛乱，刘裕回师。后秦因为屡遭夏主赫连勃勃入侵，国势大衰，幼主姚泓初立。416年12月刘裕再度北伐，连克许昌、洛阳。隔年，刘裕兵分两路围攻关中，最后攻破长安，后秦亡。但该年冬天，留守京师的刘穆之突然去世，为免朝廷生变，刘裕不得不亲返。他命其幼子刘义真同王镇恶、沈田子等诸将防守长安，后来诸将内讧，夏主赫连勃勃率军攻击。417年冬，刘裕命刘义真等将领率军东归，遭夏军追击，元气大伤，至此北伐结束。关中失守后，刘裕开始积极谋取帝位。同年，刘裕杀晋安帝，立其弟德文，为晋恭帝。420年，刘裕废晋恭帝自立，建国宋，史称南朝宋，是为宋武帝，东晋至此灭亡。439年，北魏统一华北后，至此进入南北朝时期。

□ 文苑拾萃

房兵曹胡马

（唐）杜甫

胡马大宛名，锋棱瘦骨成。
竹批双耳峻，风入四蹄轻。
所向无空阔，真堪托此生。
骁腾有如此，万里可横行。

庞振坤妙言断案

庞振坤（生卒年不详），生活于明末清初，河南邓州人。庞振坤才华横溢，有"中州才子"之誉。他秉性耿直，愤世嫉俗，常以嘲弄官宦、鞭挞豪强为乐事。

庞振坤机智聪明，爱打抱不平，远近闻名。

一天，庞振坤正在城里走着，见十字街头有一群人围着，里面传出一片喧闹声。挤进去一看，见一个瞎子正和一个农民争夺一匹白布。瞎子呼喊道："大家快给我做主吧！刚才我骑了他一会儿驴子，他欺侮我眼瞎，要抢我的布！"农民也喊道："我见你眼睛不好，就让你骑我的驴，没想到你反倒要讹我的布，你还有没有良心！"

这时，州官的轿子路过，州官问瞎子道："你说这布是你的，可有什么凭证？"瞎子说："大人，我这布一共三丈三尺长，一尺半的门面。"州官令人一丈量，果然不错。州官又问那农民有什么证据，农民说："大人，这布是小人向邻家借的，卖了为老母治病的，没丈量过。"州官喝道："哪有借布不量的？来人，给我拿下，重打四十！"

农民连声喊冤。这时，庞振坤听周围人议论说："那农民人称王憨，

向来忠厚老实，哪会行窃？"另一个说："那瞎子素来刁奸，今日之事恐怕有诈。"庞振坤想了想，来到瞎子面前指着白布说："哎呀，这块蓝布染得可真不错。"瞎子忙说："俺孩子他舅是个染匠，还能染得不好？"众人顿时大笑起来。州官马上将瞎子拿下，重打了四十大板。瞎子招供：原来刚才他骑农民的毛驴时，暗暗用手摸着布丈量了一遍。要不是庞振坤一句妙言，邓州岂不添上一桩冤案？

几个月后的一天，有一个素不相识的老太太来找庞振坤。这老太太是个寡妇，有两个儿子。大儿子王憨，就是上回庞振坤搭救的那个农民；小儿子阿二当了和尚。不幸的是，老太太的病刚好转，大儿子却突然得了急病而亡。老太太只得到庙里求当家和尚，让她小儿子还俗返家，但老和尚坚决不允。老太太告官也没有如愿，只好来请庞振坤帮忙。庞振坤十分同情老太太，提笔帮她写了一张状纸，正文只有十几个字。老太太见状，就说："以前那状纸写了满满十几张，都没能打赢官司，这么几个字怎么行呢？"庞振坤笑笑说："老人家，胶多不黏，糖多不甜。字虽少，但句句在理。从上次你大儿子的案子来看，那州官有错能纠，还是通情达理的，你去吧。"且说那州官接过老太太递上的状纸，见上面这样写道："和尚有再收之徒，寡妇无再生之子。"言简意赅，合情合理。州官当堂传来那当家和尚，叫他准许老太太的儿子还俗，然后重收一个徒弟。

□故事感悟

在争议中冷静，在冷静中找寻对策，这是机智敏捷的表现之一。值得赞赏的是，庞振坤能因事因人制宜，足智多谋，这是我们需要借鉴并引以思考的地方。

庞振坤智斗邓州知州

庞振坤才智过人，颇有心计，官府拿他也无可奈何。邓州知州汤似慈爱财如命，巧取豪夺。一次，他准备利用过50岁生日之机再捞一把。地方豪绅闻讯后，为讨知州大人的欢心，便向百姓强行摊派，一时闹得乌烟瘴气，民怨鼎沸。庞振坤见此情景，怒不可遏，撰书一联作为寿礼送上，联云：似者，像也，像虎像猊像豺狼，不像州主；慈者，爱也，爱金爱银爱钱财，不爱黎民。横批：不成汤水。联句俗如白话，利似刀锋，横批又将贪官名姓嵌入，狠狠地扼杀了知州的嚣张气焰，汤似慈见状差点气死。

河南邓州台湾村

邓州市张村镇上营村是远近闻名的"台湾村"，全村2300多人，约60%为台湾高山族后裔，已经在此居住了300多年。邓州"台湾村"聚居台湾同胞数量之多、历史之久，在祖国大陆绝无仅有。

王允之佯睡避祸

王允之（303—342），字深猷。琅琊临沂（今山东临沂）人。丞相王导从弟王舒的儿子，仕东晋。王允之曾为钱唐令、领司盐都尉、宣城内史、建武将军、西中郎将、南中郎将、江州刺史、卫将军、会稽内史，封番禺县侯。卒年40岁，谥曰忠。

晋代的大将军王敦，为人十分残忍。他曾娶襄城公主为妻，当上了驸马都尉，后来当大将军，掌握了兵权。随着权力的增大，王敦更加作威作福，甚至还要篡夺帝位。

王敦有一个叔伯侄儿，名叫王允之。王敦很喜欢他，常把他带在身边，外出同坐一辆车，晚上同睡在一起。

一天，王敦饮酒至夜晚，王允之已早早地上床去睡了。王敦又喝了一阵酒，就与部将钱凤策划叛乱的事。王允之睡醒一觉以后，听到了他们的阴谋。王允之恐怕王敦怀疑自己，便将食指伸进口内，压住小舌，一阵恶心之后，便呕吐起来，将衣服、被子都弄脏了。

王敦与钱凤策划完毕，忽然想起王允之还睡在自己的床上，他猛然想道："糟了，如果被他听见，岂不误了我们的大事？恐怕连脑袋也保不住！"他心一横，就决定杀人灭口。

于是，王敦取下墙上挂着的刀，一手拿着刀，一手举着烛，悄悄地走到床边。当他掀开帐子一看，只见王允之蒙头大睡。王敦又轻轻揭开被子，只听得"鼾声"阵阵，吐出来的污物遍床。王敦以为他真的睡得很死，才放下心来，不再怀疑。

当时，王允之的父亲王舒刚刚被任命为廷尉，掌握司法。王允之请求回家探望，王敦准许他去了。

到了京城，王允之见了王舒，就把王敦与钱风阴谋叛乱的事告诉了他，王舒很快将这件事禀告了明帝。明帝与大臣们做好准备，才使王敦的阴谋没有得逞。

王允之当时还只是一个孩子，竟瞒过了残暴狡猾的王敦，保全了自己，也保全了国家。

■ 故事感悟

在知道自己处于危险境地时，要想化险为夷，就要靠机敏和智慧了。王允之自知危险后，佯装昏睡不醒，反映出他小小的年纪便能利用当时的有利条件保护自己，同时也反映出他对别人的判断能力，如果他忽视了其中一点，恐怕就难逃厄运了。推而广之，当面对类似事件的时候，我们该如何应急呢？值得我们深思。

■ 史海撷英

驸马都尉

古代官职之一。汉武帝时始置驸马都尉，"驸"，即副。驸马都尉，掌副车之马。到三国时期，魏国的何晏以帝婿的身份授官驸马都尉，以后又

有晋代杜预娶晋宣帝之女安陆公主，王济娶司马昭（晋文帝）之女常山公主，都授驸马都尉。魏晋以后，帝婿照例都加驸马都尉称号，简称驸马，非实官。以后驸马即用以称帝婿。清代称额驸。

□文苑拾萃

念奴娇·登多景楼

（宋）陈亮

危楼还望，叹此意、今古几人曾会？鬼设神施，浑认作、天限南疆北界。一水横陈，连岗三面，做出争雄势。六朝何事，只成门户私计？

因笑王谢诸人，登高怀远，也学英雄涕。凭却长江，管不到，河洛腥膻无际。正好长驱，不须反顾，寻取中流誓。小儿破贼，势成宁问强对！

五岁幼童智擒巨盗

王韶（1030—1081），字子纯，江州德安（今属江西）人。北宋名将，嘉祐进士。王韶足智多谋，富于韬略，初任新安主簿，后为建昌军司理参军。熙宁元年（1068），王韶上《平戎策》，提出收复河（今甘肃临夏）、湟（今青海乐都南）等地，招抚沿边羌族，孤立西夏的方略，为宋神宗所纳，被命为秦凤路经略司机宜文字。熙宁四年八月，王韶主洮、河安抚司事。

北宋神宗年间，江州人王韶在朝为官，位列公侯，全家住在京城内。王韶有个小儿子，排行第十三，人称十三郎。别看这孩子只有5岁多，却聪明乖巧，招人喜爱。

一年正月十五晚上，京城里家家户户都点起各色奇巧的花灯。王韶一家老小，一个个都打扮得漂漂亮亮，来街上观灯。十三郎的穿戴更是不凡，仅头上那顶帽子就值一千贯钱。王韶嘱咐家人王吉，把十三郎驮在背上，随大家一起去观灯。

王家一行人边走边看，不觉来到宣德门前，恰好神宗皇帝也在这里看灯。王吉随着人流拥入人群之中，因肩上驮着十三郎，不便观看，挨

挨挤挤，很不得意。忽然他觉得背上轻松了许多，一时忘其所以，伸伸腰，抬抬头，呆呆地向上看着。正看得起劲，他猛然惊觉，急回头看时，背上却没了十三郎。这一惊非同小可，王吉顿时冷汗直冒，连忙四下望去，到处呼喊，仍然不见十三郎的影子……

原来，十三郎在王吉背上，正在看灯之际，忽然有人挨近到王吉身旁，轻轻伸手将他接去，仍旧一般驮着。十三郎贪着看灯，也没觉出来。只见那个人在人群中乱挤着向外边急走，十三郎大声喊："王吉，到哪儿去呀！"他定睛一看，哪里是王吉，衣帽装束都另一个样子了。十三郎年纪虽小，心里却十分明白，他知道是被人拐了。他想声张，左右却不见一个熟人，心里思量："此人一定是贪我头上的珠帽，如被他抢去，就很难找回来了。"于是就把帽子摘下来，揣在袖中。十三郎在那人背上也不言语，也不声张，就像什么也不知道似的，任那人驮着往前走。当走到东华门时，十三郎看见四五乘官轿过来，心想：这定是官员之轿，我要叫唤才行。待轿子走近，十三郎大呼："有贼！救人！救人！"

这一喊不要紧，那人吃了一惊，恐怕被人抓住，连忙把十三郎扔在地上，脱身便跑。轿中人听见孩子呼救，推开帘子一看，见是一个青头白脸的小孩子，忙叫住轿，命人抱过来，细问来历，十三郎一一回答。轿中人见他说话明白，心里很高兴，摸着他的头说："乖孩子，你不要怕，随我去。"说着，双手抱起十三郎，一直进了东华门，入宫去了。

原来，轿中人是宫中管事的中大人，因皇帝观灯已毕，先同几位官员回宫中排宴，不期遇到了十三郎。中大人吩咐从人，将小孩安置了住处。

第二天早朝毕后，中大人启奏神宗皇帝："臣等昨夜赏灯回来，拾到一个失落的孩子，请圣上定夺。"

神宗听后命把孩子带来。十三郎进来后，神宗见他长得聪明伶俐，忙问："你是谁家之子？可晓得你姓什么吗？"

十三郎大声答道："孩儿姓王，是大臣王韶的小儿子。"

神宗见他说出话来声音清朗，且言语有礼，更加惊异，便一一问了他失落的原因，十三郎都对答如流。神宗说："朕想送你回家，只可惜无处找那个作案的人。"

十三郎答道："陛下要查此人，一点不难。"

神宗惊喜地问他："你有何见识，可以擒获此人？"

十三郎说："昨晚我被那人拐走，知此人必是贪我头上的珠帽，就将帽子摘下。见那帽顶上有母亲为避邪的绣针彩线，就悄悄地在那人的衣领上缝线一道，并把针插在衣内，作为寻找的暗号，陛下只要令人按此密查就可以了。"

神宗听后大喜，道："小小年纪，竟如此机敏，真是神童啊！等我擒到此贼，再送你回去。"

于是，神宗立即下旨捕贼破案。

再说那晚这贼人是个有名的大盗，他的确看中了十三郎的珠帽，不承想物没到手，还险些被抓。他越想越生气，气自己连一个小孩都没对付了，更不晓得自己的衣领上已被人做了记号。

这一天，这个大盗约几个同伙在一个酒店里畅饮。一个叫李云的公人暗查到这里，他装成等着吃酒饭的，侧眼把这伙人挨个细瞧，果然见一个人衣领上挂着一寸来长的彩线头。李云知道此人定是作案的贼人，忙到外面唤来七八个公人，一起将这几个人捆了起来。

众贼被押到开封府，可他们不肯招认。审讯的官人拿起衣领针线问那贼人："你身上如何有了这些东西？"那贼人信口支吾。官人

说："你可记得元宵夜那个小孩子吗？你身上有了他的暗记，你还要抵赖吗？"

贼人一听，方知被小孩暗算了，只得一一招认。

神宗皇帝听说此事后，笑道："果然不出小孩子所算。"随后，神宗皇帝命人赶忙将十三郎送回家中。

自从丢了十三郎，王韶府内个个哭哭啼啼。这一日，忽然见宫中来人将十三郎送回来了，不知是怎么回事。等问清了缘由，个个欢喜不尽，齐赞十三郎聪明机敏。

十三郎的事迹，后被凌濛初改编成小说选入《二刻拍案惊奇》。

■ 故事感悟

急中生智，就是在危急的时候猛然想出办法。从这一点上看，十三郎的机智实在令人惊叹。在大盗衣领上做标记，随后机智脱险，都说明他有急而不乱、急中生智的灵活头脑。在日常生活中，一个人难免会遭遇意外，而十三郎则为我们上了生动的一课。

■ 史海撷英

北宋名将王韶经略熙河

王韶是北宋名将，被朝廷委派为秦凤路经略安抚司，主管机宜文字（统帅的幕僚）。到熙宁三年（1070），王安石又要他负责秦州西路关于招抚吐蕃诸部、创设市易司、募人营田等一系列事项。从此，王韶也正式担负起了收复河湟的任务。

熙宁四年（1071）春夏间，王韶首先招抚了青唐地区一个最大的吐蕃部落，其部落酋豪俞龙珂"率所属十二万口内附"。宋神宗为其赐名包顺，使其世守岷州（在今甘肃岷县）。在此影响下，附近一些较小的部落相继归附北宋的又有近20万口。北宋所辖疆土，因此而拓展了1200里。

熙宁五年（1072）五月，宋筑古渭寨为通远军（今甘肃陇西县），任命王韶为知军事。王韶到任以后，积极操练军队，准备进军。七月，王韶在渭源堡（今甘肃渭源县城）和乞神坪（今渭源西南）筑城，进兵至抹邦山，与吐蕃蒙罗角、抹耳和水巴等族对垒。宋军居高临下，吐蕃兵士翻上宋营，王韶身先士卒，指挥宋军奋勇迎击，大败蕃兵，焚其庐帐，洮西震动。吐蕃首领木征渡过洮河来援，吐蕃余众复集。王韶命令别将在竹牛岭（今甘肃渭源县至临洮县间）南虚张声势，自己亲率一支军队奇袭武胜军，建为镇洮军。不久，王韶又打败木征亲军，招抚其部落20余帐。十月，北宋政府改镇洮军为熙州（今甘肃临洮县），并以熙、河、洮、岷州、通远军为一路，任命王韶为经略安抚使，兼知熙州。

熙宁六年（1073），王韶一举攻克河州，攻占诃诺木藏城和香子城（今甘肃和政县），八月，穿越露骨山，南入洮州境内。木征乘王韶行军作战的机会，再次入据河州，并亲率人马追击宋军。王韶不畏艰险，奋力作战，打败了木征，再次平定了河州叛乱。九月，吐蕃岷州首领木征听到河州已定，遂主动举城归宋。宕（今甘肃宕昌）、洮（今甘肃临洮）、叠（今甘肃甘南迭部一带）三州的吐蕃部落也相继归附。此次出征，王韶前后行军54天，跋涉1800里路，平定五州之地，招抚吐蕃诸部无数。自宕州临江寨北达安乡关，幅员2000里，包括熙、河、洮、岷、叠、宕六州之地全被北宋收复，恢复了唐朝安史之乱前由中原王朝控制这一带地区的局面。王韶取得的胜利，是北宋王朝在结束了十国割据局面之后，80年来所取得的一次最大的军事胜利。这次胜利，在一定程度上打破了弥漫于北宋王朝的因循苟安、逸豫懈怠的政治空气，为改革派赢得了极大的政治声誉。王韶也因此而升任左谏议大夫、端明殿学士。

永裕陵

永裕陵是北宋第六代皇帝赵顼的陵墓（1085 年建造），位于今河南巩县。该陵石刻是宋陵晚期造型的代表，造型技法比较成熟。

该墓呈"覆斗形"，底边略为正方，每边 60 米左右，高约 18 米。原来上下有两层台阶，底层原用砖石围砌，上层密植松柏长绿植株，陵上这些设置现已无存。现在的永裕陵，在高高的陵台上只有丛生的荆棘和参差的乱草。陵前石雕像还存有 17 件，是晚期宋陵石刻的代表作品，造型生动，技法纯熟、流畅。南神门外的石狮，雕刻得刚健、浑厚，生气勃勃。

钱勰"闪电扫诉状"

钱勰（1034—1097），字穆父，杭州人。吴越武肃王六世孙，积官至朝议大夫，勋上柱国，爵会稽郡开国侯。文章雄深雅健，作诗清新遒丽。工书、正书师欧阳询，草书造王献之阃域。尝自爱重，未尝轻以与人。卒年64岁。

元祐（1086—1094）初年，钱勰升任给事中，以龙图阁待制身份任开封府知府。那些老官吏害怕他的聪敏，要用繁琐的事务困扰他，叫一些人投来诉讼状子达700份之多。钱勰马上处理，选出那些诉讼不合理的，封起来作以标记，告诉起诉的人不要再来。过了一月，钱勰在堂上审理诉讼时，一个人又来起诉，钱勰叫过他来问他："我已经告诉你不要再来了，怎能再来欺骗我呢？"那个人撒谎说："没有啊。"钱勰说："你上次的诉状说如何如何，我用某字作了标记。"顺手把上次封好的标记拿给他看，确实如此，上下的人都非常吃惊。

皇帝宗室和贵戚都因此有所收敛，即使丞相府的门吏来府中求请，钱勰照样严加处置。渐渐地，钱勰被众人所怨恨，因而出任越州（今浙江绍兴）郡守，又迁任瀛州（今河北河间）。后又召回京城任工部、户部

侍郎，升任尚书，加封龙图阁直学士，又任开封知府，处理政事更加精当。苏轼趁着他在伏案工作时赠给他诗，钱勰拿起笔来马上写好诗答他。苏轼叹道："像闪电一样扫清诉状，像回声一样还答诗章，近年来从没有见到这样的。"

■故事感悟

钱勰的机敏是以博学多才为基础的。俗话说：台上三分钟，台下十年功。没有平时的积累，只凭小聪明，是无论如何也成不了大事的。

■史海撷英

县令捕蝗

钱勰担任如皋的县令时，适逢当地爆发蝗灾，而泰兴的县令却欺骗郡的长官说："当地没有蝗虫。"不久，蝗虫成灾，郡长官责问，泰兴县令无话可说，说当地的蝗虫大概是从如皋飞来的，于是下公文给如皋的县官要求捕捉蝗虫，不能让它侵害邻近的地区。钱勰拿到公文，就在对方公文的末了写了首诗回复他："蝗虫原本天灾，即非县令不才。既自本县飞去，却请贵县押来。"

慕容彦巧破当铺案

慕容彦（生卒年不详），五代后汉时人。曾任郓州主帅。

五代后汉时，郓州主帅慕容彦机智过人，以善捕盗贼而著称。

当时，郓州城内有一家规模较大的当铺，生意很兴隆，信誉也非常好。一天中午，太阳炙烤着大地，人们都躲在树阴下乘凉，街上的行人非常少。当铺里伙计见没有什么客人，天气又如此炎热，便昏昏欲睡起来。正在迷迷糊糊之间，只听得铺外传来一阵脚步声。伙计睁眼一看，走进来的是一位衣着华丽的青年，他从衣兜里取出明晃晃的两锭大银道："在下因急需现钱，不知你这里是否可以暂典兑付，过不了几天我就前来赎回。"

伙计一瞧那两锭大银，就吓了一跳。乖乖，好分量，真是见所未见、闻所未闻。他估摸一下，起码能当10万钱。这么大的数目他不敢擅自做主，便招呼老板出来定夺。老板问明缘由，便欣然应允，随后命伙计将两锭大银过秤，两锭大银价值20万钱，开出当票后，兑付了10万钱。青年拿了钱后说声谢谢就走了，临走之前还留下话说，不出10天就来赎银。

青年走后，老板非常高兴，认为这笔生意很合算，回到后房跟老板

娘一讲，老板娘就好奇地到店里拿银子来看。没想到老板娘在看的时候一不小心，竟将一锭银子掉在了地上。等她再捡起来一看，顿时目瞪口呆，只见那银子表面脱落了一块，里面黑乎乎的根本就不是银子。老板见状，大吃一惊，立即前往官府报案。

慕容彦听完当铺老板的叙述后，便对老板如此这般地交代了一番，不过片刻，郓城街头就出现了一张张的布告。布告上说：某当铺因遇到了盗贼，很多值钱的抵押品都被抢走，请各界人士协助捕盗，发现可疑迹象立即告官。

几天之后，持假银骗典的那个青年又出现在当铺内，他取出当票就要求赎取两锭大银。伙计见此，立即高呼擒拿骗子，众人一起上前把他擒到官府，不消片刻的工夫，他就认罪伏法了。

原来，他曾经用这种方法先后在各地作案数起，这次在郓城诈骗竟然也获成功。当他从街头看见布告，得知那家当铺被盗的消息后，心中大喜，认为可趁此机会再敲诈一笔钱财。因为假银被盗，无证可对，当票上写明原价20万钱，而他只兑付了10万钱，另外10万钱不怕当铺不赔。他的如意算盘打得很好，没想到竟中了慕容彦的计谋，自投罗网。

■故事感悟

贪欲是人类普遍的通病。在这个故事中，慕容彦抓住了人性中的这一弱点，从而达到了短时间内抓获罪犯的目的，其机敏能力令人慨叹。

■史海撷英

郓　州

隋开皇十年（590）置郓州，隋大业二年（606）改郓州为东平郡。唐武德五年（622），置郓州为总管府，统、濮、兖、戴、曹五州，共30县。唐武德七年，总管府改为都督府。唐贞观元年（627）撤府。唐乾元元年（758）复为郓州。北宋宣和元年（1119），改郓州为东平府，至此不复置郓州。故址在今山东郓城县。

《花间集》

　　《花间集》是我国五代十国时期编纂的一部词集，也是我国文学史上的第一部词集，由后蜀人赵崇祚编辑。本书收录了温庭筠、韦庄等18位花间词派诗人的经典作品，集中而典型地反映了我国早期词史上文人词创作的主体取向、审美情趣、体貌风格和艺术成就。

张允济迂回讨要牛

张允济（生卒年不详），唐朝官员。青州北海（今山东潍坊市）人。隋大业中为武阳令，甚有政绩。贞观初，累迁刑部侍郎，封武城县令，擢幽州刺史，不久卒。

唐代武阳县令张允济，一向以善于断案而为百姓所称道。

一天，张允济正在衙门里审阅公文，忽然听到县衙外有"咚咚"的击鼓声，他知道是有人告状，于是当即让衙役传呼来人上堂。告状人是个农民，见了张允济就"扑通"一声跪在地上，连声呼道："青天大老爷，你可要帮我讨还我的黄牛啊！"

"这到底是怎么回事？还请速速道来。"张允济疑惑地问。这个农民一把鼻涕一把泪地说："大老爷有所不知，我去年曾到岳父家帮忙耕地。去的时候带着一头母牛，谁料刚耕过田地不久，母牛就生养了几头小牛犊，岳父家见了非常眼红，就想把牛留下。因为我家穷得很，而岳父家却有百万家财，所以我就没有同意。等到我要告辞回家的时候，岳父硬扣下了我的母牛和牛犊，还说：'空口无凭，你凭什么说这些牛就是你的？'我没有了黄牛，就不能耕地，我以后的日子可怎么过啊？所以我非常生气，就想请县令大人给我做主。"

张允济听罢农民的申诉，对他颇为同情，眨眼间就心生一计。他当即让差役将这个农民五花大绑，又用黑布将他的头脸包好，然后吩咐道："你不要乱说乱动，一切听从我们的安排，本官自会将牛儿悉数交还于你。"接着，张允济就坐上官轿，带着农民和差役直奔那农民的岳父家。到了农民的岳父家门口，差役们高声传唤道："县太爷到，家里人速速出来迎接！"

岳父在屋内听到传唤声，吃了一惊，连忙整理一下衣冠跑出大门迎接。张允济掀开轿帘，对他说道："本官刚刚捉到了一个偷牛贼，请你将家里的牛全部赶出来，以便查核它们的来历。"岳父看到那个蒙面盖脸的偷牛贼，吓得魂飞魄散，生怕牵连到偷牛案件里去，连连向张允济磕头，还拍着胸脯，指天发誓道："大人，我们家里的牛都是自己养的，绝不是偷窃的，这个偷牛贼和我可没有任何关系！"张允济追问道："既然你的牛不是偷的，又是从哪里来的？"岳父赶紧回答道："其实，这牛是我女婿家的，母牛是他前些时候帮我耕地时带来的，而牛犊则是后来在我家生养的。"

张允济听了便断喝道："还不快把偷牛贼的蒙头布撕开！"差役听令，立即揭开了农民头上的黑布。岳父见状大惊，刚要狡辩，便听得张允济冷笑道："既然你已经承认牛儿是你女婿家的，那就把它们统统还给他吧。"岳父没有办法，只得乖乖地吩咐家人将牛儿赶出牛圈，交还女婿。

■故事感悟

张允济没有正面与农民的岳父交涉，而是机智地运用了一个计谋，一举达到了物归原主的目的。在日常生活中，我们经常会遇到这类事

例，这就需要首先理清事情的原委，然后动脑筋，争取以最简便的方法取胜。

□ 史海撷英

武阳县

公元前316年秦灭蜀后，设置郡县，置武阳县（今四川彭山县江口镇平茯村），属蜀郡。《扬雄蜀记》"秦惠王遣张仪、司马错伐蜀，蜀王开明拒战不利，退走武阳，获之"，即此。南朝梁武帝天监四年（505），改置灵石县（约今彭山县境）。大同十年（544），改灵石县为犍为县（一说为江阳县），属江阳郡。西魏废帝元钦二年（553），撤犍为县置隆山县（约今彭山、新津两县地），县治地由岷江东岸迁到岷江西岸（今彭山县凤鸣镇），属江州。历北周至隋，县名无变动。唐玄宗先天元年（712），因犯李隆基讳，改名彭山县（以境内彭女山为名），属眉州。

□ 文苑拾萃

晚次乐乡县

（唐）陈子昂

故乡杳无际，日暮且孤征。
川原迷旧国，道路入边城。
野戍荒烟断，深山古木平。
如何此时恨，嗷嗷夜猿鸣。

幼年王戎智断李子

王戎（234—305），字濬冲。琅琊临沂人（今山东临沂北）。西晋
大臣，官至司徒、封安丰县侯。出身魏晋高门琅琊王氏，魏幽州刺
史王雄之孙，晋凉州刺史王浑之子。"竹林七贤"之一。

晋代的王戎，小时候就很有见识。他7岁的时候，有一天与一群小伙伴一起游玩。玩了半天，大家都觉得累了，口干舌燥，想找水喝。突然，有一个小伙伴发现路边有一棵李子树，树上结满了李子，大家就争先恐后一窝蜂地向李子树跑去，生怕去迟了摘不着似的。

只有王戎不去，有个小孩十分奇怪，就问王戎为什么不去。王戎说："等会儿你就知道了。"那个小孩没有听他的，也跑着去了。

大家先后跑到李子树下后，有的爬到树上摘，有的把树枝坠下来按在地上摘。年纪小个子矮的小孩不会爬树，在地上又够不着，就叫在树上的小孩摇，然后捡落下来的。直到树上的李子一个不剩，他们才罢休。

摘完李子，他们高高兴兴地坐在树下吃起来。谁知，这个咬一口，连忙吐出来，还用手捂着下巴；那个咬一口，也吃不下去。

原来，这李子又苦又涩，简直不能入口。吃一个是苦的，连捡几个吃，也是苦的。咬多了，口中难受，大家都不断地吐口水。

这时，王戎慢悠悠地走过来，问大家："怎么样，好吃吗？"

有人说："好吃极了，来，给你尝尝。"说着就递一个给他。

王戎没有去接，有个小孩硬塞在他的手里。王戎把李子扔在地上，说："不吃，我也知道它的滋味。"

送李子给王戎的那个小孩说："你怎么知道这李子是苦的？过去你吃过？"

王戎说："我从来不知道这里有棵李子树，更没有吃过，不过你们也不动脑筋想想，长在路边的李子树，结了这样多的李子，却没有人去摘下吃，必定是棵苦李子。如果是好吃的，早被过路的人摘下吃完了，还能等着你们来摘？"

小伙伴们听后，都很佩服王戎的见识。

■故事感悟

王戎见微知著，透过现象看本质。事实上，这也正是我们所需要学习的，要使自己思考问题时少犯错误，就必须认清问题的实质。当然，要获得正确的结论，还必须具有丰富的科学知识。

■史海撷英

王戎选官

王戎仰慕古人蘧伯玉，看到天下将乱，于是"与时舒卷"，不以世事名节为意，甚至故意败坏声名以求自保。史载，王戎"性简要，不治仪望，自遇甚薄，而产业过丰，论者以为台辅之望不重"。在吏部任上，王戎依门第高低铨选官吏，"户调门选"。任司徒时，王戎把政事交给僚属办理，自己常骑着小马从便门出游。虽然地位尊贵，但王戎总是独自出行。巡视田园地产时，以手巾插腰，不带随从。王戎的很多门生故吏也做了大官，在路上遇到王戎只好"下道避之"。元康九年，愍怀太子司马遹被废，王戎也没有一言劝谏。

■文苑拾萃

"王戎死孝"典故

王戎死孝出自于《世说新语》。死孝，指过分悲哀，几近于死的孝行。

一次，王戎与和峤同时遭遇大丧。二人都以孝著称，此时王戎瘦得皮包骨头，几乎支撑不住自己的身体；和峤则哀号哭泣，一切都合乎丧葬的礼仪。晋武帝（司马炎）对刘仲雄（刘毅）说："你常去看望王戎、和峤吗？我听说和峤悲伤过度，这让人很担心。"刘仲雄回答道："和峤虽然极尽礼数，但精神元气并没有受损；王戎虽然没拘守礼法，却因为哀伤过度已经形销骨立了。所以，我认为和峤是尽孝道而不毁生，王戎却是以死去尽孝道。陛下您不必去担心和峤，而应该去为王戎担心呀！"

钱六姐巧断养母案

钱梅窗（生卒年不详），明代湖北咸宁人。

明代湖北咸宁钱家湾有个巧女叫钱梅窗，因她排行第六，大家都叫她钱六姐。

有一天，一个知县坐着官轿路过某村，被人挡住了去路。知县撩起轿帘，见是一个老妇人拉着一个年轻人跪在面前，知道是有冤情，于是忙下轿询问原由。老妇人凄苦地说："他是我的亲生儿子。他爹爹死得早，是我含辛茹苦把他拉扯成人。可是这几年他被人带坏了，整天赌博，把一个好端端的家弄得家徒四壁。这还不算，他竟然偷盗起我的陪嫁，最后，我的嫁妆也被他偷光了。现在，他又不肯抚养我，这可叫我怎么活呀！"

知县一听，大怒道："真是个逆子，我定要治他个不孝之罪！"说罢，立即判他儿子每月供养母亲3斗米，20年就是72石，要他一次性交清。那年轻人连连向知县磕头求饶道："大人，小人实在拿不出这么多米呀！""既然拿不出，那也好，那就让我把你这个不孝子送进监狱好了！"在人群中的钱六姐把这一切都看在眼里，她既恨这个后生不行正道，又担心他吃了官司。如果后生真被判了刑，那老母亲又有谁来赡养呢？

钱六姐突然灵机一动，有了办法。她缓缓地走到知县面前求情道："知县大人，这72石米对于这个后生来说也实在太多了，能不能少一些啊？""你是何人？与这无赖是什么关系？为什么要替这个不孝之子说情？"知县怒气冲冲地责问道。"民女不足大人挂齿，我是钱六姐。"她在威风凛凛的知县面前毫无胆怯之意，不卑不亢地回答。

知县早就听说钱六姐是个才女，就故意难为她说："如果你是我的话，你说应该怎么办才好呢？""这好办。"钱六姐胸有成竹地回答道。只见她转过身向老妇人问道："老妈妈，你儿子刚生下来的时候，有多重呀？""六斤四两。"老妇人怔怔地望着这位灵秀漂亮的姑娘，一时摸不清她的用意。钱六姐不慌不忙地吟道："儿子本是娘身肉，十月怀胎娘生育。如今儿子不养母，割他六斤四两肉。"知县听了点头称好，吩咐衙役赶快备刀，割他六斤四两肉赔娘，以治他不孝之罪。

快刀磨好之后，衙役立即上前把那后生拿下，三下五除二就剥下了衣服，正要动刀割肉，那不孝子吓得连连磕头："老爷，我这身上的肉，割哪块疼哪块，万万割不得呀！"可是知县令已发出，哪肯轻易收回？那后生眼见这割肉之苦无法避免了，只得向老母磕头呼喊："母亲救救孩儿！母亲救救孩儿！"老妇人见儿子已经回心转意，处罚太重，做母亲的也心疼，就向知县求情道："既然我儿答应养我，老妇也就不告他了。"

知县见老妇人撤了诉，老妇人的儿子也表示悔改，便不再较真，摆摆手让母子俩离开。那后生急忙扶起母亲就走，刚走几步，忽然想到免

除这巨额大米和割肉之苦的恩人，急忙回头去找钱六姐，可是，钱六姐早已不知去向了。

■故事感悟

中国历代有名气的人物多半都是智勇双全，有智无勇不行，有勇无智更难取胜。钱六姐凭借自己的机智，看穿了为人母的用心，进而使事情得以圆满解决。

■史海撷英

湖北省咸宁市沿革

咸宁市（地级市）行政建置较晚，但境内各县市区历史悠久，源远流长。市域夏商属荆楚，秦属南郡，汉属江夏郡，东汉末属东吴。吴黄武二年（223）置蒲圻县（今赤壁市）。唐代宗大历三年（768）置永安镇，南唐保大十三年（955）升为永安县。宋真宗景德四年（1007），为避宋太祖永安陵讳，按《易·乾象》"万国咸宁"与"永安"近义之意，取名咸宁县（今咸安区）。南唐保大十一年（953）置嘉鱼县。北宋乾德二年（964）置通山县。北宋开宝八年（975）置崇阳县。北宋熙宁五年（1072）置通城县。元时，市域属湖广行省武昌路；明清时，属武昌府。民国时期，先属江汉道，后属湖北省第一行政督察区。新中国成立后，先后隶属大冶专区、孝感专区。1965年8月成立咸宁专区，辖咸宁、嘉鱼、蒲圻、通山、通城、崇阳、阳新、鄂城、武昌九县。1970年，咸宁专区改称咸宁地区。1975年和1979年，武昌、鄂城县分别划属武汉市、黄冈地区。1983年8月撤销咸宁县，设立咸宁市（县级市）。1986年6月撤销蒲圻县，设立蒲圻市（县级市）。1998年10月蒲圻市更名为赤壁市。1997年阳新县划属黄石市。

《太平御览》

　　《太平御览》，中国古代类书。由宋太宗命李昉等14人编辑，始于太平兴国二年（977），成于八年（983）。初名《太平总类》，太宗按日阅览，改题此名。全书1000卷，分55部，每部之下又分若干子目，共4558类，以引证广博见称。据书前"图书纲目"所载，引用图书1690种，连同杂书、诗、赋、铭、箴等，引书实用2579种（据近人马念祖考订，见《水经注等八种古籍引用书目汇编》）。所引用的古书十之七八已失传，是保存古代佚书最为丰富的类书之一。此书以《四部丛刊三编》的影印本为最好，1960年中华书局据此本重新印行。

王雱巧答辨獐鹿

王雱（1044—1076），字元泽。北宋临川人（今江西省东乡县上池村人）。北宋学者、文学家，道学、佛学学者，北宋著名政治家、思想家、文学家王安石之子。著有《老子训传》《佛书义释》《南华真经新传》20卷、《论语解》10卷、《孟子注》14卷，注过老子的《道德经》，多已广佚。

王雱在父亲王安石的教育下，少年时代就博览群书，20岁前已著书数万言，以博学多识而著称。

史书中曾记载了这样一个故事。在王雱才几岁的时候，有一天，一位南方来的客人送给王安石一头獐、一头鹿。獐，是一种像鹿而无角的动物，行动灵敏，能跳跃，能游泳。

獐和鹿都关在同一笼子里，放在客厅中。王雱听说后，蹦蹦跳跳地来到笼子旁，好奇地打量着这两只稀罕的动物。

这时，客人开玩笑地问王雱："别人都说你人小聪明，我问你，笼中哪只是獐，哪只是鹿？"王雱过去从来没见过这两种动物，这下可把他给问住了，他实在不知道哪只是獐，哪只是鹿。可是，客人在等着他回答，父亲也在一旁含笑地望着他。

王雱想告诉客人自己不认识，可转而又想：无论如何也不能让客人问住，怎么办呢？只见他转了转小眼珠儿，指着笼子里的獐和鹿，巧妙地对客人说："您瞧，獐旁边的那只是鹿，鹿旁边的那只就是獐。"

客人见王雱边指边说，而且说得都对，以为他真知道，惊奇地称赞说："对！你真不简单，小小年纪就能分辨出獐和鹿，不简单啊！"

父亲王安石听后又好笑又叫绝，因为他知道王雱根本不认识獐和鹿，却不懂装懂，回答得振振有词，可又不得不佩服他灵活应答的本领。

■故事感悟

王雱的回答并没有错，但究其根本，他并没有具体回答出来，而是虚晃一枪，含糊其辞，竟骗过了粗心的客人。他这种不触及实质问题、敷衍搪塞的诡辩态度是不足取的。但另一方面，他巧妙地运用语言本身的模糊概念，使自己由被动局面转为主动，在对某一问题作正面回答时，巧妙地回避问题本身，也是一种聪智的表现。

■史海撷英

王安石创行《保甲法》

《保甲法》是宋代时王安石变法的一部分，于熙宁三年颁行。《保甲法》规定，各地农村住户，不论主户或客户，每十家（后改为五家）组成一保，五保为一大保，十大保为一都保。凡家有两丁以上的，出一人为保丁。农闲时集合保丁，进行军训；夜间轮差巡查，维持治安。《保甲法》既可以使各地壮丁接受军训，与正规军相参为用，以节省国家的大量军费，又可以建立严密的治安网，把各地人民按照保甲编制起来，以便稳定封建秩序。

第二篇
知智者以小见大

孙息巧劝晋灵公

晋灵公（前624年—前607年），姬姓，名夷皋，晋襄公之子，公元前620年即位。其时年龄尚幼，即好声色，后来渐长，宠任屠岸贾。晋灵公不行君道，荒淫无道，以重税来满足奢侈的生活，民怨极重。

春秋时期的晋灵公，奢侈腐化。有一年，他下令兴建一座九层高的楼台，群臣劝说，他十分恼怒，干脆又下了一道命令，敢劝阻建九层台者斩首。这样一来，便没人敢再说话了。

只有一个叫孙息的大臣很得灵公喜欢，他告诉灵公，自己能把九个棋子摞起来，上面还能再摞九个鸡蛋。灵公听了，觉得这事儿挺新鲜，立即要孙息露一手让他开开眼界。孙息也不推辞，就把九个棋子摞在一起，接着又小心翼翼地把鸡蛋往棋子上摞，放第一个、第二个……孙息自己紧张得满头大汗，战战兢兢，看的人也大气不敢出一口。因为孙息如果不能把鸡蛋摞好，就犯了欺君杀头大罪。

这时，灵公也憋不住了，大叫："危险！"孙息却从容不迫地说："这算什么危险，还有比这更危险的事哩！"灵公也被勾起了好奇心：

"还有什么比这更危险？"

孙息便掂掂手中的鸡蛋，慢吞吞地说："建九层台就比这危险百倍。如此之高台3年难成，3年中要征用全国民工，使男不能耕，女不能织，老百姓没有收成，国家也穷困了。而国家穷困了，外敌便会趁机打进来，大王您也就完了。你说这不比往棋子上摞鸡蛋更危险吗？"

灵公吓得出了一身冷汗，立即下令停工。

■故事感悟

孙息为了劝诫晋灵公，让晋灵公看了场不成功的杂技表演，晋灵公也因此打消了建造九层高台的念头。孙息并没有直接阻挠，而是间接令其领悟其中的道理，机智之处不言而喻。时至今日，在人与人之间的相处中，仍有诸多问题不便说明，不妨来一个言在此而意在彼，或许会取得意想不到的效果。

■史海撷英

晋灵公好玩狗

晋灵公生活奢华，还有一个特殊的喜好——好玩狗，甚至在曲沃专门修筑了狗圈，给狗穿上绣花衣。颇受晋灵公宠爱的人屠岸贾因为看晋灵公喜欢狗，就用夸赞狗的方法来博取灵公的欢心，灵公就更加崇尚狗了。

一天夜晚，狐狸进了绛宫，惊动了襄夫人。襄夫人非常生气，灵公就让狗去同狐狸搏斗，狗没获胜。

屠岸贾命令虞人（看山林的）把捕获的另外一只狐狸拿来献给灵公说："狗确实捕获到了狐狸。"晋灵公高兴极了，把给大夫们吃的肉食拿来喂狗，并下令对国人说："如有谁触犯了我的狗，就砍掉他的脚。"于是国人都害怕狗。狗进入市集夺取羊、猪而吃，吃饱了就把食物拖回来，送到屠岸贾家里，屠岸贾由此获大利。大夫中有要说某件事的，不顺着屠岸贾说，那么狗就群起咬他。赵宣子想要进谏，狗却阻止并把他拒之门外，使他不能进入。

■文苑拾萃

《赵氏孤儿》

戏剧名。最早为元代纪君祥所作的杂剧，全名《冤报冤赵氏孤儿》，又名《赵氏孤儿大报仇》，此后又有各种改编过的同名戏剧。戏剧情节叙述了春秋时期晋国贵族赵氏被奸臣屠岸贾陷害而惨遭灭门，幸存下来的赵氏孤儿赵武长大后为家族复仇的故事。法国文豪伏尔泰曾将此剧改编为《中国孤儿》。

曹冲称象

曹冲（196—208），字仓舒，东汉末年人，曹操之子。从小聪明仁爱，与众不同，深受曹操喜爱。曹操几次对群臣夸耀他，有让他继嗣之意。可惜曹冲还未成年就病逝，年仅13岁。

东汉末年，据守东吴的孙权送给丞相曹操一头大象，曹操很高兴。只见这头大象卷动着长鼻子，四只腿像四根粗壮的大柱子，浑身透露出一种稳重、结实、摇撼不动的大山似的壮美之气。

曹操上下左右端详了一会儿，忽然想起："这大象可不知有多重啊？"想着，便向百官问道："谁家有大秤，把这头象称称？"

群臣听了一个个噤若寒蝉，呆若木鸡。

曹操正要发火，猛地一拍自己的额头，笑道："罢，罢，罢！世界上哪有称大象的秤呢？"笑了一会儿，又问："大家谁有好办法能称出大象的重量？"

百官们面面相觑，谁也拿不出妙计。有的说："得造一杆大秤，砍一棵大树做秤杆。"有的说："有了大秤也不成啊，谁有那么大的力气提得起这杆大秤呢？"也有的说："办法倒有一个，就是把大象宰了，割成一块一块的再称。"曹操听了都直摇头。

突然，一个小孩儿从人群背后钻出来，说："父亲，我有个办法。把大象赶到一艘大船上，看船身下沉多少，在船舷的吃水面上画一条线。再把大象赶上岸，往船上装石头，装到船下沉到画线的地方为止。然后，称一称船上的石头，石头有多重，就知道大象有多重了。"

曹操听完，拈着胡须，微笑着点点头。百官也纷纷喝彩，直夸这个小孩子是神童！这个小孩儿就是曹操的儿子曹冲。

曹操叫人照曹冲说的办法去做，很快便称出了大象的重量。

■故事感悟

曹冲的过人之处，在于能敏锐地抓住事物间本质上的相同之处，再利用浮力相等的原理达到称大象的目的。由此我们也总结出一个道理，做事情可以灵活地找出其替代物，从个性之中找出其共性。而曹冲为我们作出了榜样，值得学习。

■史海撷英

骑都尉

骑都尉是一种官名。汉武帝始置。两汉均置，属光禄勋。晋以后历代沿置。唐为勋官十二转之第五转，相当于从五品。宋、金沿置。清为世爵名。乾隆元年（1736）改拜他喇布勒哈番汉名骑都尉，在轻车都尉下，云骑尉上。

铜雀台

铜雀台位于今河北临漳县境内，距县城18公里。这里古称邺，古邺城始建于春秋齐桓公时，在三国时期，曹操击败袁绍后营建邺都，修建了铜雀、金虎、冰井三台。铜雀台到明代末年已基本荒毁，地面上只留下台基一角。

曹操"望梅止渴"

曹操（155—220），字孟德，小字阿瞒，一名吉利。沛国谯县（今安徽亳州）人。东汉末年著名的军事家、政治家和诗人，三国时代魏国的奠基人和主要缔造者，后为魏王，其子曹丕称帝后，追尊他为魏武帝。曹操一生征战，为尽快统一全国，在北方广泛屯田，兴修水利，对当时的农业生产恢复起到了一定作用。其次，他用人唯才，打破世族门第观念，抑制豪强，所统治的地区社会经济得到了恢复和发展。此外，他还精于兵法，代表作有《孙子略解》《兵书接要》《孟德新书》等。

有一次，曹操带兵去打仗，一路行军，走得非常辛苦。这时正是夏天，火辣辣的大太阳挂在空中，大地都快被烤焦了。曹操的军队一连走了很多天也没有到达目的地，士兵们都十分疲乏。夏天，人们最需要的就是水，可一路上都是荒山秃岭，没有人烟，方圆数十里都没有水源。渐渐地，将士们的水囊都空了，整个队伍一点水也没有了。头顶烈日，将士们一个个被晒得头昏眼花、口干舌燥，感觉喉咙里好像着了火，许多人的嘴唇裂得鲜血直淌。每走几里路，

就有人中暑倒下死去，就是身体强壮的士兵，也渐渐地快支撑不住了。

曹操目睹这样的情景，心里非常焦急。他策马奔向旁边一个山冈，在山冈上极目远眺，想找个有水的地方。这一看让他非常失望，茫茫大地，一望无际，到处是干裂的土地，没有一点有水的迹象。

曹操心里盘算道：这一下可糟糕了，找不到水，这么耗下去不但会贻误战机，还会有不少人马要损失在这里。想个什么办法来鼓舞士气，激励大家走出干旱地带呢？

曹操想了又想，突然灵机一动，脑子里蹦出个好点子。他就站在山冈上，抽出令旗指向前方，大声喊道："前面不远的地方有一大片梅林，结满了又大又酸又甜的梅子，大家再坚持一下，走到那里吃到梅子就能解渴了！"他还装着兴致勃勃的样子打马前进。

战士们听了曹操的话，想起梅子的酸味，就好像真的吃到了梅子一样，口里顿时生出了不少口水，精神也振作起来，鼓足力气加紧向前赶去。就这样，队伍振奋起来，行军的速度很快，不久就走到了有水的地方。

□故事感悟

谎言在某些时候也可以将人们的潜在能量激发起来，曹操就机敏地运用了这一点，最终带领士兵们冲出困境。推而广之，人的一生定会遇到这样或那样的意外困顿，倘若我们也能因某个谎言而坚定意志，结果或许会有很大改观。

大将军

大将军这一官职始置于战国时期，是将军的最高封号，但到东汉时却多由贵戚充任。具体名号有建威大将军、骠骑大将军、中军大将军、镇东大将军、抚军大将军等。除骠骑大将军之位稍低于三公之外，其余均在三公之上。三国时夏侯惇、姜维等人皆为大将军。

薤露行

曹 操

惟汉廿二世，所任诚不良。
沐猴而冠带，知小而谋强。
犹豫不敢断，因狩执君王。
白虹为贯日，己亦先受殃。
贼臣持国柄，杀主灭宇京。
荡覆帝基业，宗庙以燔丧。
播越西迁移，号泣而且行。
瞻彼洛城郭，微子为哀伤。

白头萧散

纪晓岚

白头萧散老尚书，还踏香尘从玉舆。
自笑行装先载笔，词林习气未全除。

少儿妙语对朝臣

　　唐朝时期的贾嘉隐，是一个既聪明又顽皮的孩子，7岁时就已经远近闻名了。

　　一天，皇帝要召见贾嘉隐。当他走到朝堂的时候，正碰上太尉长孙无忌和司空李勣站在朝堂上说话，他们二人都背靠着一根柱子。二人见了贾嘉隐，就对他说："听说你很聪明，现在我们想考考你。"

　　"考什么？请出题吧！"贾嘉隐不在乎地说。

　　李勣想了一下说："你知道我背靠的这根柱子是什么树做的吗？"

　　贾嘉隐见过的活树本来就不多，何况这是一根柱子，无枝无叶又无皮，他哪分辨得出来？但他并不肯认输，眼珠转动几下，就回答说："这是一根松木柱子。"

　　"你这是乱猜。这分明是一棵槐树做的柱子，怎么说是松木的呢？这回你可是猜错了呀！"李勣的话音里带着讥笑。

　　"就是松木的。"贾嘉隐以十分肯定的口气说。

　　李勣也被他搞蒙了，问："何以见得是松木的呢？"

　　贾嘉隐振振有词地说："李公背靠木柱，公木相配，不是一个松字吗？"

　　李勣大笑起来说："回答得好，回答得好！"

长孙无忌在一旁听了，冷冷地说："好什么？他这是强词夺理，诡辩！"说完，转向贾嘉隐问道："我问你，我背靠的这一根又是什么树呢？"

贾嘉隐又转动了几下眼珠，然后说："槐树。"

"这才是名副其实的松树，你怎么说是槐树呢？我看你怎样狡辩？"

"何必狡辩。以鬼配木，不是一个槐字吗？"贾嘉隐慢悠悠地说。

长孙无忌听后气得吹胡子瞪眼，连声说："你把我比作鬼，可恶！可恶！"

李勣惊讶地指着贾嘉隐说："这个娃娃长得一副鬼脸（面目丑陋），为什么这样聪明呀？"

贾嘉隐以牙还牙，应声说："你生得一副胡面（李勣的面孔像胡人）。胡面尚能当宰相，鬼脸又怎能影响人的聪明呢？"

李勣佩服地说："人人都说你聪明，果然名不虚传。"

长孙无忌又对质嘉隐道："你长得一副鬼脸，你的聪明也是鬼聪明。"

贾嘉隐还不示弱，又回答说："鬼聪明总比鬼木头好。"

他这里说的木头是指木头木脑。刚才贾嘉隐把长孙无忌背靠着的木头说成是槐树，所以这里又称他为鬼木头。

李勣取笑说："你们一个是老鬼，一个是小鬼，今天我真是活见鬼啦，哈哈哈！"

■故事感悟

贾嘉隐机智地与两位大臣针锋相对，驳得对方无言以对。实际上，贾嘉隐的语言的确是一种狡辩，但狡辩并不等于胡说，而是需要丰富的知识和敏锐的观察力，还要善于捕捉对方语言中的漏洞。7岁的贾嘉隐能在短时间内以如此幽默的语言驳倒对方，实在不简单！

凌烟阁第一功臣长孙无忌

长孙无忌非常好学,"该博文史"。隋朝义宁元年(617),李渊起兵太原。长孙无忌进见,李渊爱其才略,授任渭北行军典签。后来又辅佐李世民,建立了唐朝政权,是唐朝的开国功臣,以功第一,封齐国公,后徙赵国公。武德九年(626),参与发动玄武门之变,帮助李世民夺取帝位。历任尚书仆射、司空。贞观十一年(637),长孙无忌奉命与房玄龄等修《贞观律》。贞观十七年,图功臣二十四人于凌烟阁,长孙无忌居第一。唐高宗即位,册封太尉,同中书门下三品。永徽二年(651)奉命与律学士对唐律逐条解释,撰成《律疏》(宋以后称《唐律疏议》)30卷。后因反对高宗立武则天为皇后,为许敬宗诬构,削爵流放黔州(今重庆市彭水县),自缢而死。

凌烟阁

凌烟阁原本是皇宫内三清殿旁的一个不起眼的小楼。贞观十七年二月,唐太宗李世民为怀念当初一同打天下的众位功臣,命阎立本在凌烟阁内描绘了24位功臣的图像,褚遂良题之,皆真人大小,时常前往怀旧。其中24位功臣分别是:赵公长孙无忌、赵郡王李孝恭、莱公杜如晦、郑公魏征、梁公房玄龄、申公高士廉、鄂公尉迟敬德、卫公李靖、宋公萧瑀、褒公段志玄、夔公刘弘基、蒋公屈突通、勋公殷开山、谯公柴绍、邳公长孙顺德、郧公张亮、陈国公侯君集、郯公张公谨、卢公程知节、永兴公虞世南、渝公刘政会、莒公唐俭、英公李勣、胡公秦琼。

少年于谦巧接联

于谦（1398—1457），字廷益，号节庵，明代名臣，民族英雄。于谦官至少保，世称于少保。于谦的曾祖于九思在元朝时离家到杭州做官，遂把家迁至钱塘太平里，因此史载于谦为浙江钱塘人。于谦与岳飞、张煌言并称"西湖三杰"。

于谦，明代杰出的政治家、军事家。在其少年时就勤奋好学，志存高远，曾写过一篇借物述志的《咏石灰》诗：

千锤百凿出深山，烈火焚烧若等闲。

粉骨碎身浑不怕，要留清白在人间。

于谦不仅诗写得好，而且擅长对句。14岁那年，于谦去杭州应试，主考官虞谦点名时，他躬身站起却不答应。主考官问他为何不答，他从容不迫地说："与大人同名，故不敢应。"

主考官感到这个小孩很懂礼貌，便随口说出一句对子：何无忌，魏无忌，长孙无忌，彼无忌，尔亦无忌。

上联连用了五个"无忌",前三个指人:晋代大臣何无忌,战国时魏国信陵君魏无忌,唐代元勋长孙无忌。后两个是双关借用,意思是他们三人同名"无忌",咱俩同名也不必忌讳。

于谦见主考官如此谦和,没有一点架子,便高高兴兴地思考起下联来了。片刻之间,一句妙对脱口而出:"张相如,蔺相如,司马相如,名相如,实不相如。"

这回对中也用了五个"相如",前三个同样指人:汉初东阳武乡侯张相如,战国时完璧归赵的蔺相如,汉代大文学家司马相如。后两个"相如"是说:这三个人名字虽然都叫"相如",实际各有高下,并不相如,并借此表明自己实不敢与宗师大人相比。

主考官听罢,又惊又喜,暗想,这孩子不仅才华横溢,而且谦逊有礼,将来必有一番作为,到那时,恐怕自己真的难以与他"相如"了。

■故事感悟

少年于谦能够在短时间内作出如此精准的对答,不仅需要广博的学识,同时也需要机智的头脑。假如将该事例延伸至今天,对成人、儿童都会有极大的启发意义。

■史海撷英

于谦得罪权宦王振

当初,杨士奇、杨荣、杨溥主持朝政,都很重视于谦。于谦所奏请的事,早上上奏章,晚上便得到批准,都是"三杨"主办的。但于谦每次进说商议国事时,都是空着口袋进去,那些有权势的人不能不感到失望。到后来，"三杨"去世，太监王振掌权。于谦入朝，推荐参政王来、孙原贞。通政使李锡逢迎王振的指使，弹劾于谦因为长期未得晋升而心生不满，擅自推举人代替自己，还把他投到司法部门判处死刑，关在狱中三个月。后来百姓听说于谦被判处死刑，一时间群民共愤，联名上书。王振便编了个理由给自己下台阶，称从前也有个名叫于谦的人和他有恩怨，说是把从前那个"于谦"和现在这个于谦搞错了，才把于谦放出来，降职为大理寺少卿。山西、河南的官吏和百姓俯伏在宫门前上书，请求于谦留任的人数以千计，周王、晋王等藩王也纷纷上言，于谦才再次被任为巡抚。当时的山东、陕西流民到河南求食的有20余万人，于谦请求发放河南、怀庆两府积储的粟米救济。又奏请令布政使年富安抚召集这些人，给他们田、牛和种子，由里老监督管理。于谦前后在任共19年，父母去世时，都让他回去办理丧事，不久便起用原职。

■文苑拾萃

咏煤炭

（明）于谦

凿开混沌得乌金，藏蓄阳和意最深。
爝火燃回春浩浩，洪炉照破夜沉沉。
鼎彝元赖生成力，铁石犹存死后心。
但愿苍生俱饱暖，不辞辛苦出山林。

徐渭破题恼太师

徐渭（1521—1593），山阴（今浙江绍兴）人。初字文清，后改字文长，号天池山人、田水月、田丹水、青藤老人、青藤道人、天池渔隐、金垒、金回山人、山阴布衣、白鹇山人、鹅鼻山侬等别号。明代文学家、书画家、戏曲家、军事家。

又到府试之年，明朝廷派窦太师到江南主持考务。

一天，徐渭到杭州西湖宜园游耍，这里正举行灯谜盛会，他见园门口高高悬挂一首诗谜："二人抬头不见天，一女之中半口田；八王问我田多少，土字上面一千田。"

当时不少人围在那里，苦苦思索，谁也没能猜出谜底。徐渭读罢微微一笑："不难，不难。"随后又说了句："但愿人间家家如此。"便嘻笑而去。

有个诗人仔细品味徐渭的话，恍然大悟，他对众人道破谜底："'二人抬头不见天'是个'夫'字；'一女之中半口田'是个'妻'字；'八王问我田多少'是个'义（義）'字；'土字上面一千田'是个'重'字，合起来就是'夫妻义重'。这不正是家家所盼望的吗？"

墨客文人们一听，连连称赞："徐渭真乃'天下才子'也！"

这消息传到了骄矜的窦太师耳中，不觉气愤道："徐渭不过一介布衣，小小百姓，竟然比我多'天下'二字！"于是，他派人叫徐渭到西湖游船上饮酒赋诗。

席间，窦太师笑道："本官有一谜语，谜面是，'摸着无节，看着有节；两头冰冷，中间火热'。猜一物。"

徐渭淡淡一笑道："谜底是那'历书'，连杭州的三尺幼童都知道。"

窦太师表面上对徐渭称赞了一番，心中妒火更旺。

几日后开考了。主考官窦太师到贡院巡视了一遍，见徐渭也在考生中，冷冷一笑，拿起一把剪刀，笔直插入木柱上，说声："诸生开笔吧！"说完扭头便走了。

没有试题，只插一剪刀，好一个奇怪的考试，一时弄得诸考生丈二和尚摸不着头脑，你看看我，我看看你，人人持笔发呆。

徐渭见大家都在发呆，就提醒道："太师拿起剪刀，戳破木头，这不是'起剪破木'吗？他出的试题就是论战国时的四员大将——白起、王翦（与剪同音）、廉颇和李牧哩！没有错，大家赶快动手吧！"

考生们经徐渭一点拨，个个得心应手，一挥而就。

不久，窦太师又进来了，见诸考生缩手端坐着，以为这次都被他难倒了，才慢慢地念出《论起翦颇牧》这一试题。

诸考生一听，果然与徐渭说得分毫不差。不一会儿，大家随徐渭交了卷。

窦太师接过考卷，顿时愣住了。他心想：才念了题目，怎么一下子都写好了？抽卷阅读，篇篇扣题，他特地抽出徐渭的考卷来看，更是妙笔生花，不禁暗暗惊叹。但是到了卷末，忽然看见上面画着祭桌

和灵牌。窦太师十分生气，心里骂道："好一个自负的小子！还没考中，就想做官祭祖了！"于是，他提笔批道："文章虽好，祭祖太早。不取。"

后来，有人告诉他这次批卷的事，徐渭听了哈哈大笑道："真是个昏头的太师！我哪里是想做官祭祖，因为老母生病，我一边应考一边在记挂她，写好文章看看时间有多，才画了这点东西，我是在祷告祖先保佑她老人家玉体无恙哩！"

□故事感悟

聪明的人不满足于事物的表象，而是剖开表面的假象，认识到其真正本质所在。徐渭站在一个特定的高度，审时度势，因此得出的结论往往与出题人的本意不谋而合，而该事例也足以看出徐渭机智的一面，值得我们学习。

□史海撷英

徐渭善画

明代时期的中国，美术正处在学习古人与创新两种意识碰撞的特殊阶段。水墨写意画迅速发展，以徐渭为代表的泼墨大写意画非常流行，名家出现很多，技法也不断更新，徐渭凭借自己特有的才华，成为当时最有成就的写意画大师。

徐渭生性狂放，性格恣肆，但他在书画、诗文、戏曲等方面均获得较大成功。他的写意水墨花鸟画，气势纵横奔放，不拘小节，笔简意赅，用墨多用泼墨，很少着色，层次分明，虚实相生，水墨淋漓，生动无比。他又融劲健的笔法于画中，书与画相得益彰，给人以丰富的想象。

廿八日雪

（明）徐渭

生平见雪颠不歇，今来见雪愁欲绝。
昨朝被失一池绵，连夜足拳三尺铁。
杨柳未叶花已飞，造化弄水成冰丝。
此物何人不快意，其奈无貂作客儿。
太学一生索我句，飞书置酒鸡鸣处。
天寒地滑鞭者愁，宁知得去不得去？
不如着屐向西头，过桥转柱一高楼。
华亭有人住其上，我却十日九见投。
昨见帙中大可诧，古人绝交宁不罢，
谢榛既举为友朋，何事诗中显相骂？
乃知朱毂华裾子，鱼肉布衣无顾忌！
即令此辈忤谢榛，谢榛敢骂此辈未？
回首世事发指冠，令我不酒亦不寒。
须臾念歇无些事，日出冰消雪亦残。

于成龙为民诓康熙帝

于成龙（1617—1684），字北溟，号于山。清山西永宁（今吕梁离石）人。于明崇祯十二年（1639）举副员，清顺治十八年（1661）出仕，历任知县、知州、知府、道员、按察使、布政使、巡抚和总督，加兵部尚书、大学士等职。于成龙在20余年的宦海生涯中，三次被举"卓异"，以卓著的政绩和廉洁刻苦的一生，深得百姓爱戴和康熙帝赞誉，并以"天下廉吏第一"蜚声朝野。

康熙皇帝在位期间，很喜欢到外巡游。

一天，上早朝时康熙帝问群臣："我很想离开京城到外边走走，你们给我介绍介绍，哪些地方值得去看看呀？"

这时，直隶巡抚于成龙站出来说道："固安值得陛下一游。"

康熙帝又问："固安有哪些名胜古迹呢？"于成龙回答道："固安的奇观美景太多了，既有西湖二景（前西湖、后西湖），又有太子三公（太子务、北公田、中公田、南公田），更有玉带两条（浑河、大清河）、牛头马面（牛驼、马庄）。"

康熙帝心中大喜，就起驾来到固安，于成龙等大臣陪同。

"陛下先看'两条玉带'怎么样？"于成龙请求康熙帝定出旅游路线。

"好呀，爱卿在前面带路。"康熙帝兴致高极了。

他们踏着浑河的堤岸往东慢慢地走着，出现在眼帘的哪里有"玉带"的美景？河中滚动着浑浊的河水，汹涌咆哮。河堤年久失修，高低不平，泥土疏松，还有不少缺口。两岸的田地比浑河的水位低得多，奔腾的河水随时都会冲破堤岸，淹没两岸的田地村庄。眼前一片荒凉景象，让人看了好不心酸。

"爱卿，这就是你要让我看的固安胜景吗？"康熙帝沉着脸，很不高兴地责怪于成龙。

于成龙看到皇上生气，连忙跪在河堤上说："古人说：闻景不见景，见景更稀松。我们今天看到的，不正是这样吗？陛下是聪明人，难道想不出更深一层的意思吗？"

康熙帝低头一想，顿时悟出于成龙的用意，禁不住哈哈大笑起来："于爱卿把我骗到这里，用心良苦，我不怪罪于你。现在，我命令你负责治理这条浑河，不把它变成永定河，不要进京见我！"

于成龙不惜犯欺君之罪把康熙帝诓骗到固安，正是为民请命，不就是想得到皇上的这一句话吗？他高兴极了，连连答道："我一定遵从陛下的命令，把浑河治理好。感谢陛下对固安人民的浩荡恩典！"

此后，于成龙专心致志地领导当地人民向浑河开战，填平故漕，开挖新道，高筑堤岸，从此减轻了水患。浑河也因为康熙帝的一句话，改名为永定河，一直沿用至今。

■故事感悟

于成龙借康熙帝欲出游之机将两条河美化成"两条玉带"，诱导康熙皇

帝前往该处游玩，让皇帝看到待治理的荒凉景象。于成龙不仅机智，并且机智之下还有难得的爱国之心。古往今来，为国为民请命的大臣举不胜举，然而如何合理化地请命则成了一个问题，于成龙为后人作出了典范。

■史海撷英

吏部尚书

吏部尚书掌管全国官吏的任免、考课、升降、调动、封勋等事务，属于吏部的最高长官，为中央六部尚书之首。史料记载，在唐宋时，该官是正三品，明代是正二品，清代为从一品。人们通常将之称为天官、冢宰、太宰。

■文苑拾萃

乾清宫

乾清宫是故宫内廷正殿，内廷后三宫之一。面阔9间，进深5间，高20米，重檐庑殿顶。殿的正中有宝座，两头有暖阁。乾清宫始建于明代永乐十八年（1420），明清两代曾因数次被焚毁而重建，现有建筑为清代嘉庆三年（1798）所建。乾清宫的用途是皇帝处理日常政务，批阅各种奏章的地方，后来还在这里接见外国使节。

纪晓岚善辩"老头子"

纪昀（1724—1805），字晓岚，一字春帆，晚号石云，道号观弈道人。清代著名学者，曾任乾隆年间礼部尚书、兵部尚书、左都御史，协办大学士和《四库全书》总纂官。他官位虽大，但为人通达，礼贤下士，其朋友知己、门生故吏不计其数，是乾隆时期公认的文坛领袖。

清代大才子纪晓岚才华横溢，深得乾隆皇帝喜爱。纪晓岚也在乾隆帝面前无所顾忌，经常口出"狂言"。

有一天，乾隆皇帝带着几个随从突然来到军机处，此时的纪晓岚正光着膀子和军机处的几个办事人员闲聊。其他人老远就看见皇上来了，连忙起身迎上前去接驾。纪晓岚是高度近视，刚开始没看见走在最后面的乾隆皇帝，等他明白怎么回事的时候，乾隆皇帝就快到了。纪晓岚心中暗想：如果就这样光着膀子接驾，岂不是冒犯龙颜？干脆一不做二不休，纪晓岚趁着别人不注意钻到桌子底下躲了起来。

这一切，早被乾隆皇帝看了个真真切切，他心中一阵窃笑，就想"整整"纪晓岚。

乾隆帝在椅子上坐定，示意其他人都不许出声，很长时间过去了，纪晓岚在桌子底下早待不住了，正好是大夏天，加上厚厚的桌布，把他给热得大汗淋漓。纪晓岚心中纳闷：怎么进来之后就没动静了？这么长时间了，早该走了，该不是已经走了吧。想到这里，纪晓岚就压低了嗓门，小声问道："喂，有人吗？老头子走了吗？"

满屋子的人都听到了，大家忍不住都想笑，一听纪晓岚说"老头子"，心想这下可有好戏看了。

乾隆帝也听得真真切切，板起脸，厉声喝道："纪晓岚，出来吧。"

纪晓岚一听是乾隆帝的声音，心想：完了，完了，这回可完了！只好无可奈何地从桌子下钻出来见驾。

乾隆皇帝一看纪晓岚光着膀子，满身大汗、惊慌失措的样子，心里一阵好笑：纪晓岚人称大清第一才子，居然这般模样。乾隆皇帝故意装作生气的样子，大声喝道："大胆的纪晓岚，你不见驾也就罢了，居然还敢说朕是'老头子'，你什么意思？今天你要讲不清楚，朕要了你的脑袋！"

到了这种境地，纪晓岚反倒镇静了许多，一边擦汗，一边苦思对策。忽然他灵机一动，有了主意，不紧不慢地说道："万岁爷请息怒，刚才奴才称您为'老头子'，只是出于对您老人家的尊敬，别无他意。"

乾隆皇帝一听更来气了："尊敬？好，你给朕说说怎么个尊敬法。"

"先说这'老'字，天下臣民每天皆呼皇上万岁、万岁、万万岁，您说这万岁、万万岁算不算'老'啊？"

乾隆皇帝没作声，只是点点头。

"再说这'头'字，家有千口，主事一人，如今皇上便是我大清国的主事之人，是天下万民之首，'首'者'头'也，故此称您为'头'。"

乾隆皇帝边听边眯着眼睛笑，很是满意。

"至于这'子'嘛，意义更为明显。皇上您贵为天子，乃紫微星下凡。紫微星，天之子也，因此称您为'子'。这便是我称您老人家为'老头子'的原因。"

乾隆皇帝听完抚掌大笑："好一个'老头子'，纪晓岚你果然是个才子。"

■故事感悟

生活中难免会有失言或出丑的时候，谁也不想说错话、办错事，但这些又是不可避免的，人非圣贤，孰能无过？关于做错之后该如何处理，纪晓岚为我们作出了榜样，切不要就事论事，顺着一条思路走到底，要调整思路，换个角度，另辟蹊径，不但可以替自己打圆场，还能为你的言行平添几分雅趣。纪晓岚的过人之处就在于善于触类旁通，机智地将有联系的事物结合起来，继而为自己的说辞"埋单"，聪明之举由此可看出。

■史海撷英

《四库全书》

该丛书于清乾隆三十八年（1773）开始编纂，后经十年编成。是中国古代最大的一部官修书，也是中国古代最大的一部丛书，分经、史、子、集四部，故名四库。据文津阁藏本，该书共收录古籍3503种、79338卷，装订成36000余册，保存了丰富的文献资料。

■文苑拾萃

纪晓岚墓

纪晓岚墓地位于今河北省沧县崔尔庄镇北村村南约300米处。该墓

地东、南、西南侧是茂密的枣林，北、西北侧是打谷场。数株高大的椿、榆、槐树下有一丘封土，即为纪晓岚坟茔。坟茔向口朝东，往东约3米处竖立墓碑。墓碑为纪晓岚下葬时所立原物，墓碑上刻有嘉庆皇帝御制碑文。墓碑再往东15.6米处竖一通神道碑，神道碑为纪晓岚六代孙纪钜臣于民国九年（1920）重立。目前，该墓已被列入沧州市重点文物保护名单。

刘绍棠比喻说"真实"

刘绍棠（1936—1997），北京人，出生于河北省通县（今北京市通州区）大运河岸边儒林村的一个普通农家。曾任中国作家协会副主席、北京市人大常委会委员、北京市作家协会副主席、中国文联委员、国际笔会中国中心会员、《中国乡土小说》丛刊主编等职务。

有一次，作家刘绍棠在给大学生们讲文学创作时，提到创作的基本要求是一定要坚持原则。

这时，一名女生从座位上站了起来，说："老师，我有问题要问。"

刘绍棠回答："什么问题，请讲。"

那名女生问："真实的是不是存在的？"

"真实的当然是存在的，这是哲学上的基本常识嘛。"

"既然是存在的，就应该是可以表现的，所以只要是真实的就可以表现，就可以写，这难道不是作家所追求的吗？"

刘绍棠听后，没有直接回答，而是对那名女生说："我想请你走到前面来，记得带你的学生证。"

那名女生走到讲台前，将学生证递给了刘绍棠。

刘绍棠翻开学生证，指着上面的照片问女生："你为什么不在你脸上长痘时拍个照，然后把照片贴在学生证上呢？"

那位女生不解地问道："为什么？谁会在自己脸上长痘时拍照片，还把它贴在学生证上，那多难看。"

刘绍棠趁机说道："对呀，你不会在脸上有痘时拍照，更不会把这种照片贴在学生证上，这说明你对自己的认识是本质的。因为你是漂亮的，不漂亮只是暂时的，它不是你最真实的面目，所以你不想照相留念，更不想有这样的照片贴在学生证上。同样，我们社会的某些缺点是要批评的，但有些事情是有其特殊原因的，我们的政府自然会去采取措施改正，可是你非要把它揭露出来，这岂不是要政府把长痘时拍的照片贴在工作证上吗？为什么你对自己是那样公正，对政府却是这样的不公正呢？"一席话说得那位女生心悦诚服。

□故事感悟

刘绍棠巧妙地通过打比喻的形式，给女生讲明道理，并趁机将话题转移到"到底文学创作该不该坚持原则"上，最终让女生心服口服。由此我们得出一个结论：在劝说他人时，要密切注意对方表情、语气的变化，发现他有所表示时，一定要抓住时机，乘胜追击，直至将他说服。时机稍纵即逝，一旦发现便要紧抓不放，这便要求人要有机智的头脑。刘绍棠为我们做出了榜样。

□史海撷英

刘绍棠年少有为

1951 年，刚满 15 岁的刘绍棠写出了让他崭露头角的小说《红花》。稿件寄到《中国青年报》后，受到该报编委兼文艺部主任柳青的赞赏。经与陈绪宗总编商定，这篇小说被特别安排在1952年元旦刊出，还破格以整版篇幅一次刊发，并加上编者按语大力推荐。这篇小说的发表，引起了文艺界和广大读者的注意，刘绍棠由此也获得了团中央的着重培养。

■ 文苑拾萃

《蒲柳人家》

《蒲柳人家》是当代作家刘绍棠的代表作。这部作品继承了中国古典小说的许多表现技巧和艺术手法，透过几户普通农家的故事，表现了京东北运河边农民的独特风貌、充满浓郁的民族风格和审美情趣。它浓墨重彩描写了三个主要人物：机灵顽皮、充满稚气的6岁男孩何满子是小说的主要线索人物，奶奶一丈青大娘和爷爷何大学问是小说的两个主要描写对象。

郑板桥画姓斗无赖

郑板桥（1693—1766），又名郑燮，字克柔，号理庵，又号板桥。江苏兴化人。乾隆时进士，曾任潍县县令。中国历史上杰出的艺术名人，"扬州八怪"的主要代表，以三绝"诗、书、画"而闻名于世。

有一次，郑板桥外出访友，经过一条小河时，正要过桥，冷不防从对面蹿出一个人，嬉皮笑脸地张开双臂，拦住了去路。

郑板桥一惊，细瞧此人油头滑脑，衣衫不整，乃属无赖之辈，顿生厌恶之心，便厉声喝道："我们素昧平生，为何挡了去路？"

无赖嘻嘻一笑，油腔滑调地答道："听说足下是位鼎鼎有名的大诗人、大画师，今日无意之中在这里巧遇，实乃三生有幸。幸会，幸会！"

郑板桥不耐烦地回应道："我有要事在身，请足下让路！"

"让路？"这无赖汉子又是嘻嘻一笑，"听说你擅长书画，今天若是能把我的姓氏'画'出来，我便跪着送你过桥！"

自古只有猜姓氏的，哪有画姓氏的？郑板桥急于赶路，也不愿与这无赖论理，便急中生智，随手在空中画了个圆圈儿，冷笑道："这就是你的姓氏。"

无赖误会了，以为郑板桥说他姓"圆"，便讥笑道："先生画错了，我是姓赵！"

郑板桥正色道："一点儿也没错，我这一圈儿是表示赵匡胤一统天下！"

无赖一惊，急忙又改口道："不对，我记错了，我应当姓钱！"

郑板桥不假思索，又脱口对答："铜钱不是圆的吗？"

无赖又是一惊，急忙改口："我说错了，我应当是孙姓！"

郑板桥接上话茬儿："孙膑'围魏救赵'，不就是孙姓吗？"

无赖沉不住气了，干脆一竿子耍到底了："还是不对，我属李姓！"

郑板桥朗朗对答："李子不就是圆滚滚、滑溜溜的吗？"

无赖稍一停顿，又继续纠缠下去："说实话，我是姓周的！"

郑板桥随口回答："一周不就是一圈儿吗？孺子不可教也！"

无赖羞得满脸通红，最后只得道出了自己的真姓："老子坐不改姓，乃是响当当的口天吴也！"

郑板桥哈哈大笑道："真是个蠢货，我这一圈儿不就是代表一个零，而零就是无啊，无的谐音不就是口天吴吗？"

无赖张口结舌，呆呆地瞧了郑板桥半天，只得侧转身子，让出路来，让郑板桥过桥。

岂料，当郑板桥刚刚走过桥去，无赖像又突然记起了什么似的，猛地大喝一声："郑先生，就算你画出了我的姓，还能猜出我的名吗？"

"小事一桩！"郑板桥立在对面桥头，指着无赖，一字一顿地回应道，"你的名字就叫做无（吴）——赖！"

"你……"无赖气得双眼发直，欲骂无词。

郑板桥哈哈大笑，扬长而去。

■故事感悟

在极短时间内，由一件事情联系到多件事情，假如没有一点机敏的才智怕是应付不来的，而郑板桥却将这些毫不相干的事情有机地联系到一起，其聪慧机智由此可见一斑。与此同时，也为人们作出了典范。

■史海撷英

郑板桥嫁女儿

郑板桥嫁女儿，嫁得别具一格，嫁得爽快利落，不比时下婚姻，讨价还价，有辱婚姻的神圣。"板桥有女，颇传父学"。当女儿到了该嫁人的年龄时，郑板桥说："吾携汝至一好去处。"郑板桥把女儿带到一位书画挚友的家中后说："此汝室也，好为之，行且琴鸣瑟应矣。"一句话交代清楚，转身自去，而嫁女大典，也就此告成了。

■文苑拾萃

桃叶渡

（清）郑板桥

桥低红板，正秦淮水长，绿杨飘撇。管领春风陪舞燕，带露含凄惜别。烟软梨花，雨娇寒食，芳草催时节。画船箫鼓，歌声缭绕空阔。

究竟桃叶桃根，古今岂少，色艺称双绝？一缕红丝偏系左，闺阁几多埋没。假使夷光，苎萝终老，谁道倾城哲？王郎一曲，千秋艳说江楫。

乾隆帝对联解恩怨

刘统勋（1699—1773），号延清，字尔钝。清内阁学士，刑部尚书。高密县逢戈庄（原属诸城）人，刘墉之父。刘统勋是雍正二年进士，授编修，乾隆年间累官至刑部尚书、工部尚书、吏部尚书、尚书房总师傅、内阁大学士、翰林院掌院学士及军机大臣。刘统勋为官清廉，颇能进谏，参与《四库全书》编辑，并担任《四库全书四》正生总裁。乾隆三十八年卒，谥文正。

　　一天，乾隆皇帝在新任宰相和珅和三朝元老刘统勋陪同下，在承德避暑山庄的烟雨楼前观景赋诗。

　　乾隆皇帝素闻和珅和刘统勋不合，便有心调和二人。

　　三人正在欣赏秀丽的山川景色，乾隆皇帝突然随口问道："什么高，什么低？什么东，什么西？"

　　学识渊博的刘统勋当然不会放弃在皇上面前展露才华的机会，抢着回答："君王高，臣子低，文在东来武在西。"

　　和珅一向以奉迎拍马著称，这次看到有人抢在他的前面，大为恼火，借题发挥道："天最高，地最低，河（和）在东来流（刘）在西。"

河与流明指热河向西流入离宫湖，但暗指自己和刘统勋，并借宫廷礼仪东首为上、西首为下来贬低刘统勋。

刘统勋岂能不知，背着乾隆皇帝狠狠地瞪了和珅一眼，心想：老狐狸，走着瞧！

三人来到一座桥上，乾隆皇帝要求和珅和刘统勋以水为题，拆一个字，说一句俗语，作一首诗。刘统勋心想：机会终于来了。他边走边想，最后开口朗诵："有水念溪，无水也念奚，单奚落鸟变为鸡（鷄）。得食的狐狸欢如虎，落坡的凤凰不如鸡。"

和珅听出刘统勋在讽刺自己是鸡，也毫不示弱，便反唇相讥道："有水念湘，无水还念相，雨落相上便为霜。各人自扫门前雪，休管他人瓦上霜。"

和珅是在告诫刘统勋最好不要多管闲事，否则也不会有好果子吃。

乾隆皇帝也是一代才子，岂能不懂他二人的弦外之音，当即上前每手拉住一人，面对湖水和湖面上三人的合影，说道："二位爱卿听真，孤家也对上一首：有水念清，无水也念青，爱卿共协力，心中便有情。不看僧面看佛面，不看孤情看水情。"

和珅与刘统勋二人听罢，心中大为感动，当即拜谢乾隆帝，握手言和。

□ **故事感悟**

乾隆帝借景抒情，巧妙地以诗表达了对和珅和刘统勋的不满，要求二人同心协力辅佐朝廷。这就是机智与暗示合二为一的独到之处。可以说，不失时机地巧妙暗示，让对方明白你的话外之音、言外之意，便可于无声无息之中达到目的。而这一切则将乾隆皇帝聪慧的一面凸显无疑，值得大家学习借鉴。

编 修

一种官名。宋代凡修前朝国史、实录、会要(用于记录一个朝代中各种规程制度及其变化的书)等,均随时置编修官。枢密院也设有编修官,负责编纂记述。明、清属翰林院,职位次于修撰,与修撰、检讨同称为史官,吴锡麒、蒋士铨、翁方纲等,皆曾授编修之任。明、清翰林院编修以一甲二、三名进士及庶吉士留馆者担任,无实职。

■文苑拾萃

题桐城张相国赐园泛舟图

(清)刘统勋

龙眠山对赐金园,管领烟霞荷厚恩。
今日重开休沐地,白沙翠竹宛江村。
碧流如带隔红尘,画舫兰桡荡绿蘋。
未便一竿江海去,波分太液足垂纶。
凤雏绕膝彩衣斑,问字传经得暂间。
谷口锦茵花冉冉,林间歌管鸟关关。
石坚水净同标格,丽景秾华信化工。
自喜平泉随草树,年来长是坐春风。

第三篇
善智者处处制胜

乐伯射鹿退追兵

　　楚庄王(? —前591)，又称荆庄王，出土的战国楚简文写作臧王。芈姓，熊氏，名旅(一作吕、侣。先秦时期男子称氏不称姓，所以应该称为熊旅而不是芈旅)，谥号庄。楚庄王是楚穆王之子，春秋时期楚国最有成就的君主，春秋五霸之一。庄王之前，楚国一直被排除在中原文化之外，庄王自称霸中原，不仅使楚国强大，威名远扬，也为华夏的统一、民族精神的形成发挥了一定的作用。楚庄王自公元前613年至前591年在位，共在位23年，后世对其多给予较高评价，有关他的一些典故，如"一鸣惊人"等也成为固定成语，对后世有深远的影响。

　　在《左传》当中，记载着楚国大将乐伯在仅剩一支箭的情况下智退追兵、返回本营的故事。

　　在晋楚两国大军相持的一场战役之前，乐伯受楚庄王之命，乘单车去晋营挑战。乐伯连杀晋军数人后，徐徐退归，晋军见状，分路前来追赶。乐伯为了显示自己的手段，他拿出弓箭，故意左边射马，右边射人，使左右两路追兵都不能前进。晋将鲍癸领兵从正后方追来，乐伯一看，自己手头只剩下一支箭了，无论如何也难以射退追兵，心中不免一

惊。这时，恰好有一只小麋鹿在战车旁奔跑，乐伯灵机一动，一箭射中麋鹿之背，让随车之人将麋鹿拿去恭敬地献给晋将鲍癸说："狩猎的时令还未到，咱们都吃不上野味，谨将此鹿献给您作为膳食。"鲍癸接受了礼物，劝阻部下说："前面车上的人非常善射，又懂得礼貌，非同一般。"遂不再追赶，乐伯于是平安回营。

对于晋兵的追赶，乐伯本有以箭射退的把握，但手头出乎意料地只剩下一支箭了，这支箭即使射中晋将，也难以遏止晋军的追赶，只能束手待缚。紧急关头，乐伯见景生计，他射鹿相送，示敬拒敌，通过射鹿，既向晋将显示了自己高超的武艺，又显示了对追兵毫不在意的心理，这既是对追兵的威慑，又是对他们心理的征服。

在显露了自己的高超射术后，乐伯送麋于敌，示以恭敬之礼，实际是在暗示鲍癸：不是我不能射杀晋兵，而是不愿射杀，唯求和好。乐伯欲以示敬的手段弱化或消除与追兵的敌对状态，追兵不知乐伯仅剩一箭的窘境，心惧乐伯射艺，遂顺势接受了乐伯的敬意。

□故事感悟

箭是用来射人杀敌的，乐伯在自己最需要箭的性命攸关之际，没有把最宝贵的一支箭用来射敌，而是机智地作了一反常态的使用，射鹿退兵，从而死里逃生，真正是大勇中含有大智。在我们日常生活中，经常会遇到类似的事情，不妨考虑一下乐伯的做法，或许会有更大的收获。

□史海撷英

楚威王徐州之战

楚威王六年（前334），魏惠王至徐州（今山东微山东北）朝见齐威王，尊齐威王为王。齐威王也承认了魏惠王的王号，史称"徐州相王"。楚威王对此愤怒至极，第二年，即楚威王七年（前333），亲领大军伐齐，进围徐州，大败齐国。赵、燕两国也乘机分别出兵攻打齐国，此即"徐州之战"。"徐州相王"是战国中前期的一件大事，它标志着魏国的霸主地位已经丧失，从此战国时代的封建兼并战争已进入了新的阶段。

■文苑拾萃

楚　辞

又称"楚词"。该文体是战国时代的伟大诗人屈原创造的一种诗体。作品运用楚地（今两湖一带）的文学样式、方言声韵，叙写楚地的山川人物、历史风情，具有浓厚的地方特色。汉代时，刘向把屈原的作品及宋玉等人"承袭屈赋"的作品编辑成集，名为《楚辞》。《楚辞》是继《诗经》以后，对我国文学具有深远影响的一部诗歌总集，并且是我国第一部浪漫主义诗歌总集。

击掌知数解难题

甘罗（生卒年不详），战国时楚国下蔡（今安徽颍上）人，战国时期著名大臣甘茂之孙。从小聪明过人，小小年纪便拜入秦国丞相吕不韦门下，做其才客，后为秦立功，被秦王拜为上卿。

甘罗自幼聪明过人，在5岁那年，有一次去演兵场观看兵士们操练，恰巧秦王也在场。秦王有个古怪脾气，喜欢对周围的人提一些很难回答的问题。这回，他瞧兵士们密密麻麻地刚集合好，身后那一大堆武器还没顾得拿，就大声对文官武将们说："你们当中谁能用十击掌的工夫，就查出是兵士多，还是武器多？"

这一问，把满场的文官武将都给难住了，一个个心里直嘀咕：这么多兵士和武器，莫说是十击掌，就是花上半天工夫也难查清啊！因此，谁也不敢吱声。

甘罗见冷了场，便不慌不忙地走上前去，对秦王说："只要兵士们听我的命令，我只用三击掌工夫，准可查出兵士多，还是武器多。"

秦王打量了一下眼前这个乳臭未干的娃娃，起初有些犹豫，但转念一想：如果不依他，恐怕不会再有人敢"出头"了。于是，便板着面孔说："军中无戏言。如果你查不出来，本王可不会客气！"

秦王的话虽然厉害，但甘罗一点儿也不害怕。他跳到台子上，学着大将军的样子命令兵士们："我击第一掌时，你们必须立即去取一件兵器，违令者斩！我击第二掌时，所有拿到兵器的人必须火速到我跟前集合，违令者斩！"

兵士们齐声回答："遵令！"

甘罗两击掌后，只见还有几个兵士空手在那儿站着，心里顿时有了底，又一击掌，大声道："大王，兵士多，武器少！"

一时间，整个演兵场响起一片惊讶赞叹之声。秦王更是喜上眉梢，当即封小甘罗为郎中。7年后，甘罗出使赵国立了大功，秦王又破格提拔他为上卿（丞相），并把当年封给甘茂的土地全赏给了他。

■故事感悟

甘罗在秦王面前主动请缨，需要的是勇气和智慧，而这一切则源于他对该事的十足把握。在比较士兵与兵器之间多少时，甘罗机敏的将两者有机地联系起来，从而使问题迎刃而解。甘罗的机智不仅征服了秦王，也为后人作出了榜样。

■史海撷英

甘罗巧辩公鸡生蛋

甘罗的父亲在秦国当官，一天，秦王把他叫去说："你在朝居官，朕待你如何？"甘罗的父亲忙回答："王上待我恩重如山。""既然如此，朕让你办点私事，你可情愿？""只要为王上，我死都甘心。""近来朕得了一种病，非吃公鸡蛋不愈。朕限你在三天之内弄几颗公鸡蛋来，否则罚你一

死！"甘罗的父亲明知无法弄到，但圣命如山，只得接受任务。回到家中，愁眉不展，唉声叹气。12岁的儿子甘罗见了，便问："父亲今日回到家来，面带忧色，为了何事？"父亲便把事情的经过说了一遍。"父亲不必着急，第三天孩儿我去替你交差便是了。""公鸡能下蛋？我年岁已高，经事也不少，但真是见所未见，闻所未闻。你年仅12岁，能有何法？总是一个死，还是我去死好了。""请父亲放心，儿我自有办法。"第三天，甘罗上朝拜见秦王。秦王问："你父为何今日不来朝见？你一个小小孩童来干什么？"甘罗不慌不忙地说："拜告圣上，我父昨晚上生了个小孩，不能上朝，特地让我来请假。"秦王怒气冲冲地说："你简直是胡说！男人怎能生孩子？"甘罗马上说："既然男人不能生孩子，那公鸡岂能下蛋？！"一句话问得秦王哑口无言，答不上话来。皇上见12岁的甘罗有胆有识，便当场封他为丞相。

□文苑拾萃

偶 题

（唐）杜牧

甘罗昔作秦丞相，子政曾为汉辇郎。
千载更逢王侍读，当时还道有文章。

吕甥妙答救晋王

相传春秋时期，晋惠公夷吾是靠秦穆公的帮助当上国君的。在此之前，他曾经许诺，即位后将把河东五城馈赠给秦国，但回国即位后，晋惠公却反悔了，不肯履行自己的诺言。晋国遇到灾荒，向秦国借粮，秦穆公慷慨相助，但秦国遇到了饥荒，晋国却一粒粮食也不肯救援。因为这两件事，秦穆公大为恼火，待他度过饥荒后，立即发兵进攻晋国。结果秦国大胜，捉去了晋惠公，晋惠公只好招吕甥来秦讲和，迎还自己。

吕甥奉命至秦，秦穆公在王城会见了他。秦穆公问吕甥："晋国人和睦吗？"吕甥回答："不和。"按一般情况来说，回答"和睦"才对，因为这样可以不向对方暴露自己的短处，从而维护自己国家的尊严。但吕甥却作了反常的回答，这令秦穆公感到很意外，更使他对吕甥的答话发生了兴趣。于是，秦穆公接着问："为什么不和？"通过这一问，他想听听这位外交家是如何品评自己国家的短处的。然而他错了，吕甥回

答"不和"只是虚晃一枪，真相却在后头。

吕甥回答道："小人们羞耻于国君被人捉去，哀悼死于战争的亲人，不怕征税练兵，拥立太子做国君。他们说：'一定要报秦国的大仇，甚至不惜投靠戎狄。'而君子们爱惜自己的国君，并且知道自己的罪过，以等待秦国的命令。他们说：'一定要报答秦国的恩德，即使死了，也不能有二心。'因此，晋国人不和睦。"

秦穆公也不是等闲之辈，当然对吕甥回答的含义听得明明白白。你看晋国的人虽然对秦的态度不同，但"不怕征税练兵"，志在保卫国家的态度却是完全一致的。这不明明是团结一致对外，和和睦睦无间吗？足见吕甥所说"不和"是假，而说"和睦"才真。

那么，吕甥的真招是什么呢？

吕甥借回答"不和"的机会，向秦穆公暗暗抛出了两把"刀子"，一把是"硬刀子"：借小人之口，表达出晋国人不畏强暴、誓死报国仇的决心，以敌秦的姿态要挟秦穆公，迫使其早做放还晋惠公的打算。硬刀虽狠，但弄不好也会适得其反，因此，他同时还使用了一把"软刀子"：借君子之口，以顺眼的言辞，表达出晋国人对秦穆公放还晋惠公的期待。在吕甥软硬两把"刀子"的威逼利诱下，灭了穆公的威风，长了自己的志气。再加上又拉又捧，挑明利害，给秦穆公指明了一条与晋国和好的出路——立即放还晋惠公。

秦穆公听后，衡量一下利弊，于是说道："这正是我的本心啊！"并立即放出惠公，加以厚礼。吕甥取得了胜利。

■故事感悟

吕甥言在此而意在彼，机敏地对秦穆公婉言相劝，晓以利害，其气魄如同泰山压顶，以势逼人，逼迫秦穆公就范。这不仅需要胆魄，更需要一双精明的眼睛与一个机敏的大脑。日常生活中，我们或多或少地遇到类似的事情，如何来应对？吕甥为我们作出了典范，值得我们借鉴。

崤之战

崤之战指的是发生于周襄王二十六年（公元前626）的一场晋襄公率军在晋国崤山（今河南陕县东）隘道全歼秦军的重要伏击歼灭战。

春秋中期，秦穆公即位后，国势日盛，意欲图霸中原，但东出道路被晋所阻。公元前628年，秦穆公得知郑、晋两国国君新丧，不听大臣蹇叔等人劝阻，执意要越过晋境偷袭郑国。晋襄公为维护霸业，决心打击秦国。为不惊动秦军，准备待其回师时，设伏于崤山险地而围歼之。十二月，秦派孟明视等率军出袭郑国，次年春顺利通过崤山隘道，越过晋军南境，抵达滑（今河南偃师东南），恰与赴周贩牛的郑国商人弦高相遇。机警的弦高断定秦军必是袭郑，即一面冒充郑国使者犒劳秦军，一面派人回国报信。孟明视以为郑国有备，不敢再进，遂还师。

后秦军重返崤山，因去时未通敌情，疏于戒备。晋军见秦军已全部进入伏击地域，立即封锁峡谷两头，突然发起猛攻。晋襄公身着丧服督战，将士个个奋勇杀敌。秦军身陷隘道，进退不能，惊恐大乱，全部被歼。

少年司马绍显聪慧

晋明帝司马绍（299—325），字道畿。东晋的第二位皇帝，晋元帝之子，庙号肃宗。晋明帝自小聪慧，不但工于书法、礼贤下士而且孝顺，并且相当勇猛，王敦以"鲜卑儿"称之。325年，晋明帝病死，年仅27岁，在位4年，葬于武平陵。

晋明帝名叫司马绍，是东晋开国皇帝晋元帝司马睿的大儿子。

司马绍小时候就聪明机灵，司马睿非常喜欢他，常抱着他放在膝上玩耍。

司马绍6岁那年，有位客人从长安来到司马睿家，司马睿抱起膝头上的司马绍，起身关切地问客人："长安现在怎么样了？"

客人长叹一声，说："唉，长安城已被糟踏得不像样了，皇宫荒芜，长满青草，有人竟在里面放马。百姓们缺衣少食，敌人兵马在街市横冲直撞，一片凄凉衰败景象。"

听到这里，司马睿难过地流下了眼泪。司马绍见状觉得奇怪，忙问道："父王，为什么一提起长安，您就落泪呢？"

司马睿告诉儿子："长安是咱们的老家，连年战乱残破如此，怎能不掉泪呢？"

说到这里，又低下头问司马绍："你说说看，天上的太阳，地上的长安，哪个离我们近呢？"

司马绍转了转小眼珠，为了安慰父王思念长安之情，巧妙地回答说："长安近，我只听说客人从长安来，没听说有客人从太阳那儿来啊。"

司马睿听了，很惊异，这6岁孩子竟有这样的分析能力，真不简单。

第二天，司马睿举行宴会，招待长安来客。司马睿想在众人面前显示一下儿子的聪明，就当着大家的面又问司马绍："天上的太阳，地上的长安，哪个离我们近呢？"司马绍一听，父亲又拿这个老问题考他。在这宴会的欢乐气氛中，司马绍不愿因长安勾起父王伤心，就调皮地改变答案，故意回答说："太阳离我们近。"

司马睿一听这答案不对，特别是当着众人的面，更感到下不了台，于是生气地说："你昨天还回答得好好的，怎么今天又改口了？"

司马绍发现父亲不高兴了，忙又巧妙地指着宫外上空的太阳说："我一抬头就能看见天上的太阳，却看不见地上的长安城，难道不是太阳离我们近么？"

司马睿听后，转怒为喜，深为儿子的妙语折服。众人听后也赞叹不已。

■故事感悟

司马绍在面对尴尬场面时，巧妙运用富有幽默的语言，把尴尬转变成对方可以接受的方式，并随之创造出一种轻松、和谐、愉快的气氛。司马绍随机应变，巧妙地回答问题，足以看出他的机敏。

王敦之乱

王敦是东晋司徒王导的从兄。东晋建立，他官至镇东大将军，开府、都督江扬荆湘交广六州军事，执掌军事重权，渐有篡位野心。他镇守武昌，位处都城建康（今江苏南京）上游，对东晋政权构成威胁。晋元帝命刘隗、戴渊各率兵万人，分屯合肥、泗口（今江苏清江西南），监视王敦。永昌元年（322），王敦以诛刘隗为名自武昌发兵东下，其党羽江东世族沈充也起兵响应。叛兵攻陷建康，杀戴渊等人。刘隗北逃，投石勒。元帝病卒，晋太子司马绍即位，是为明帝。王敦移镇姑熟（今安徽当涂），自任扬州牧。太宁二年（324），王敦病重，明帝诏王导等率军讨叛。王敦以兄王含为元帅，发兵3万复攻建康。不久，王敦病卒，叛军大溃，余党悉平。

江行望识舟亭

（清）王士禛

鸠兹北面识舟亭，天际归帆望沓冥。
松竹阴中孤塔白，楼台缺处数峰青。
赭山人去生春草，江水潮回没旧汀。
更忆于湖玩鞭迹，吴波不动客扬舲。

少年诸葛恪添字改意

诸葛恪（203—253），字元逊，琅琊阳都（今山东沂南）人，三国时东吴重臣诸葛瑾之子。东吴的太傅和权臣，孙权临终时，以其为辅政大臣，辅助太子孙亮。孙亮继位后，诸葛恪独揽军政。之后，孙峻发动政变，诸葛恪在酒宴上被孙峻所杀，更被夷灭三族。

诸葛恪小时候就聪明伶俐。其父诸葛瑾是诸葛亮的长兄，在东吴君主孙权手下任大将军，为人老实忠厚。一天，孙权大摆宴席，宴请东吴文武百官。宴会笑声不断，气氛十分融洽、热烈。

忽然，孙权发现官员都在对诸葛瑾开玩笑，一个劲儿地向他劝酒。诸葛瑾不胜酒量，面红耳赤。此时，跟随父亲赴宴的7岁的诸葛恪毫不怯场，落落大方，彬彬有礼地代父亲擎起酒杯向官员们回敬："伯伯、叔叔，来而不往非礼也，你们也喝，你们也喝。"

孙权见状，兴致勃发，突然冒出个主意。他当即对左右附耳小声说："如此，如此。"

不一会儿，下人从御花园牵进一头毛驴，那驴脸上挂着个长长的标签，上面写着"诸葛子瑜"四字。

百官看了无不鼓掌，一时哄堂大笑。有些人还朝诸葛瑾的脸上指指戳戳，比比划划，原来诸葛瑾的面相略长，酷似驴脸。

诸葛恪见了十分生气，可表面上却装出一副高兴的样子，跪在孙权面前请求道："大王，请允许我添上两个字，助助雅兴，好吗？"

孙权听后很高兴，当即命令左右捧出文房四宝。

诸葛恪握着毛笔，在标签上加上了"之驴"两字，这下变成了"诸葛子瑜之驴"。

大家一看先是一惊，马上释然，有的赞叹，有的欢笑。

孙权欣喜地拍拍诸葛恪的头，说："真是个讨人喜欢的小机灵鬼！好，这头驴就奖给你们父子吧！"

□故事感悟

诸葛恪巧添两字变归属，不排斥原意却轻易改变了原意，委实聪颖过人。其实在我们日常生活中，经常会遇到类似的问题，或许当事人多半会恼羞成怒，但其实我们换一种角度来考虑问题，定能在化解危机的同时取得意外的收获，诸葛恪为我们作出了榜样。

□史海撷英

曹魏灭蜀

在曹魏后期，政权落入司马氏之手。263年，司马昭派邓艾、钟会、诸葛绪率18万大军分兵三路进攻蜀国。钟会的10万大军被姜维阻挡在剑门关外，但邓艾的3万大军自狄道（甘肃临洮）轻装出阴平（甘肃文县），经过无人之地700里，攻入蜀境，破江油、绵竹等地，杀诸葛亮之子诸葛瞻，轻取成都，刘禅降魏，蜀汉灭亡。

熊横三策合一保国土

　　楚顷襄王（生卒年不详），芈姓，熊氏，名横。前298—前263年在位，楚怀王之子。熊横做太子时期，在齐国当人质。前302年，熊横逃回楚国，在楚怀王被困于秦后继位，是为楚顷襄王。楚顷襄王在位期间，淫乐无度，"群臣相女石以功，谄谀用事"。楚顷襄王二十年（前279），秦分兵两路攻楚，一路由白起率军攻陷楚之邓城后，向鄢（今湖北宜城东南）进逼；另一路由秦蜀郡守张若率水陆之军东下，向楚国的巫郡及江南地进军。鄢之战，数十万人被溺死，当时白起引西山长谷水，水溃城东北角，"百姓随水流，死于城东者数十万，城东皆臭，因名其陂为臭池"（《水经注·沔水》）。秦王诈以公主许配给楚顷襄王，屈原长跪城外力谏不果。秦军趁顷襄王开城迎亲之时，长驱直进，攻入楚京郢都。

　　楚顷襄王熊横为太子时，曾在齐国作人质。楚怀王去世后，熊横答应割楚地500里给齐国，才得以离开齐国，回国继位为王。之后不久，齐国派人前来索取楚顷襄王原来答应的500里土地，楚顷襄王令群臣献计。上柱国（楚国最高武官）子良入见楚顷襄王说："请先割地给齐国，

然后以兵攻之，这样既保全了信用，又显示了武威。"之后大臣昭常入见说："500里土地是楚国之半，因此不能割给齐国，请让我领兵坚守此地。"昭常离去后，第三位大臣景鲤入见说："楚国不割土地给齐国，但楚国不能独立抗齐，请西入秦国求救，以防齐国争夺。"

太傅慎子最后求见，熊横向他介绍了子良、昭常和景鲤三人的计策，并向太傅表示：现在不知道该用谁的计策。慎子听后，向熊横提出了三计合用的策略，并作了相应的安排。于是，熊横首先派子良去齐国献地；第二天任昭常为大司马，让其领兵坚守东部领土；其后又派景鲤西入秦国求救。

子良献地之后，齐国派人来楚国东部接受交割。昭常对齐使说："我奉命坚守此地，誓与此地共存亡，现有甲兵30多万，等待齐兵到来。"齐王闻讯，问子良说："你来献地，昭常却在守御，该怎么办呢？"子良回答说："我奉楚王之命献地，肯定是昭常假冒君命，您可率兵攻夺。"齐王率大兵来攻夺楚地，未入楚界，景鲤请来的50万秦国救兵已赶赴战场。齐王很恐惧，急请子良回国调解，再也不提索地之事。

■故事感悟

熊横本已答应齐国的事情不好反悔，于是将三策合一，一手谋划了上述的精彩故事，既合情理又不失地，可谓高明之极。

■史海撷英

楚考烈王封春申君

楚顷襄王病得很重，黄歇对应侯说："现在楚王生病恐怕起不来身了，秦国不如让楚国太子回去。太子能当上国君，他侍奉秦国一定很敬重又感激相国您，这就亲近了所结交的国家，又能确定了大国君位的继承人。不让太子回去，那么他就是咸阳的一个平民罢了。楚国会立别人当国君，一定不侍奉秦国，这就失去了所结交的国家，又断绝了大国国君的和好关系，这不是好办法。"应侯把此事奏告了秦王。秦王说："让太子的老师先去问候楚王的病，回来后再谋划此事。"黄歇跟太子商议说："秦国留住太子您，是想要用这种方式求得利益。现在太子的力量不能对秦国有什么好处，可是阳文君的两个儿子在朝廷中。楚王如果去世，太子您不在，阳文君的儿子一定被立为君主，太子您就不能承守宗庙了。不如从秦国逃走，跟使者一起出秦国。我请求留下，拼死挡住他们！"太子于是变换服装，替楚国使者驾车而出关，黄歇守候馆舍，常常替太子托病谢绝来访者。估计太子已走远，黄歇就自己对秦王说："楚国太子已回楚国，出秦国很远了。我愿意被您杀死！"秦王大怒，想要杀掉他。应侯说："黄歇作为人臣，献出自身为他的主人而死，太子当上国君，一定重用黄歇。不如免除他的罪而让他回楚国，以此来亲近楚国。"秦王听从应侯的建议。黄歇回到楚国三个月，这年秋天，顷襄王死了，考烈王即位，他让黄歇作相国，把淮北地封给他，号称春申君。

■文苑拾萃

《阳春白雪》

《阳春白雪》曾是中国著名十大古曲之一，相传为春秋时期晋国的乐师师旷或齐国的刘涓子所作。现存琴谱中的《阳春》和《白雪》是两首器乐曲，原指战国时代楚国的一种艺术性较高难的歌曲，现比喻高深的、不通俗的文学艺术。

狐偃羞辱变激励

狐偃（约前715—前629），亦称子犯、舅犯、咎犯、白犯、狐子。晋文公重耳之舅，故又称舅氏。春秋时晋国的卿。

春秋时期，晋文公重耳在回国执政前，与狐偃等一行数人流亡列国，受尽困窘。有一次，他们路过卫国的巨鹿（今河南濮阳东北），因饥饿难忍，向田间农夫乞讨求食。农夫有心奚落，送给他们土块。重耳大怒，准备用鞭子抽打农夫，狐偃急忙劝阻说："土，是立国的基本。这是上天假手赐给我们的。"于是他们向这位农夫拜首道谢，收下土块，车载而去。

狐偃在君臣一行饥乏交迫并遭受侮辱的情况下，机智地转换角度，以天赐土地之语解释农夫的授土行为，消除了君臣一行的愤恨情绪，极大地激励了君臣对未来前途的信心。

狐偃此策得以形成并能产生效果的关键在于他对"土"的巧妙解释。"土"是一个多义字，它既可指土壤、泥土，又可指国土、领土。农夫送来土块，重耳见状发怒时，狐偃脑中瞬时完成了两个转换：其一是把土块转换成了"土"字，转形为字；其二是把"土"字的第一义转换成了第二和第三义。前一种转换是合理的抽象，为后一转换准备了前提；后一转换则是巧妙地释字，完成了前一转换的目的。两种转换在表面上毫无夸张，非常得体，没有高超的思维力、机敏的头脑和一定的学识，是无法做到的。

■故事感悟

狐偃的高明之处在于说出了"土"的抽象意义，从而将羞辱化为激励，起到了一个质的升华。

■史海撷英

彭衙之战

周襄王二十六年（前626年），秦国势力东进受挫，孟明视等所率秦军被晋军全歼于崤山。二十八年春，秦穆公再命孟明视领兵攻晋，以雪崤山战败之耻。晋襄公率军迎战，两军遇于秦西部的彭衙。双方列阵后，晋将狼瞫率部下首先冲入敌阵，晋军主力随之发起攻击，秦军大败。同年冬，为进一步遏制秦国势力东进，以巩固晋之霸主地位，晋襄公命大夫先且居率军联合宋、陈、郑军再度攻秦，相继攻克秦邑汪（今陕西澄城西）及彭衙后撤兵。历史上将这次战役称为"彭衙之战"。

■文苑拾萃

《侯马盟书》

1965年冬，在山西侯马市附近的牛村古城遗址东约4公里的秦村附近挖掘发现了《侯马盟书》。这些盟书是用毛笔蘸朱砂（少数蘸墨）写在

玉片、石片上的，数量达 5000 余件，其中可以认读的有 600 余件，距今
已有 2400 余年的历史。史学家分析，《侯马盟书》是晋定公十六年（前
496 年）由晋大夫赵鞅主持，六国在新田进行盟誓的记载。该书内容涉及
政治、经济、军事、文化等方面，为今人研究春秋战国时期盟誓制度和书
法文字提供了极为可靠的科学资料。

勇少年智除两恶人

　　唐朝时期，郴州地区强盗猖狂，常常依靠高山密林拦路抢劫，绑架、贩卖儿童，无恶不作。地方政府束手无策，周围的人们更是提心吊胆，无比恐惧。

　　一天清晨，一个名叫区寄的小孩到山上放牛，刚转过山脚，只听一声怪叫，从树林中冲出一高一矮两个凶神恶煞般的强盗。高个子手拿明晃晃的尖刀，逼在区寄的胸前，恶狠狠地说："小东西，乖乖地跟我们走，否则……"说着，把刀贴在区寄的脸上，阴森森地怪笑。随后，两个强盗用布堵上区寄的嘴巴，用绳子绑住他的双手，拉起他向树林深处走去。

　　区寄边走边想，怎样才能摆脱这两个强盗呢？凭力气自己肯定不是强盗的对手，不能强攻，只有智取，必须等待时机，出其不意地逃脱魔掌。想到这儿，他便装出非常害怕的样子，还呜呜咽咽地抽泣着。

　　两强盗见此情形，认为区寄也和以往被抓的孩子一样，只会发抖和哭泣，便放松了警惕。

　　又走了一会儿，两人把区寄放在路边，拿出酒瓶，坐在树下大吃大喝起来，很快就喝得醉醺醺的了。高个子站起来说："我到集上去找个买主，你看好了，别让他跑掉。"说完，摇摇晃晃地走了。矮个子看

了一眼瘫坐地上的区寄，把刀扔在一边，靠着大树，"呼噜呼噜"地睡着了。

区寄见强盗一走一睡，知道逃跑的机会来了。他悄悄地站起来，轻轻走到刀旁，把捆着双手的绳子放在刀刃上，用身体压住刀把，用力摩擦，片刻绳子就断了。区寄急忙站起来，抓起钢刀，照着强盗的咽喉砍了下去，强盗没来得及反抗，就死去了。

杀了这个强盗，区寄连忙向来时的路跑去。不料，高个子强盗偏在这时赶了回来。看到同伙被杀，他气急败坏地去追赶区寄，年幼体弱的区寄不幸再次落入强盗手中。

高个子把区寄押回原地，望着矮子扭曲的脸，恶狠狠地说："小东西，我非宰了你不可！"说着举刀要砍。

"慢着，先生请不要发火，你杀我易如反掌，可杀了我你还拿什么换钱呢？不白跑了一趟吗？再说我杀死矮子，对你并没坏处呀！原来我属于你们两人，现在他死了，我属于你自己了，你不是可以得双份的钱了吗？你只要对我好点，我什么都听你的。"

高个子听此话后想：是呀，矮子死了，少个分赃的，卖孩子的钱全归我自己，是不错！想到这儿，他收起尖刀，埋好矮子，带着区寄继续赶路。

来到集市，天已黑了，高个子只好带着区寄到一所破旧的旅店住下。

夜里，区寄被一阵鼾声惊醒，睁眼一看，高个子强盗睡得像死猪一样。有了矮子的教训，他把刀枕在了头下。

区寄向四周一看，发现墙角的油灯还亮着，他蹑手蹑脚地走过去，把被绑的双手伸向微弱的火苗。火烤着他稚嫩的皮肤，痛彻心扉，他咬紧牙关忍受着。好不容易把绳子烧断了，区寄自由了。他小心地走到强盗身边，谨慎地取出钢刀，找准强盗的胸口，用力刺了下去，一声惨叫，高个子挣扎了几下死了。

可恶的强盗被杀死了，区寄紧张一天的心终于松弛了。望着破烂不堪的屋子，他不由想起了温暖的家，禁不住哭了起来。

睡梦中的人们被哭声惊醒，都跑来探问，区寄向人们讲述了事情的经过，并请大家带他到官府报案。

州官问明了缘由，大大地夸奖了区寄，并派人把他送回家中。

■故事感悟

区寄的故事告诉人们一个普遍的道理，再强大的敌人也不是无懈可击的，只要有智慧、有勇气，充分发挥自己的聪明才智，冷静观察，伺机而动，就能够出奇制胜，战胜敌人。

■史海撷英

郴州历史

郴州历史悠久，源远流长。城东北郊有一条弯弯曲曲、绕城而过的小河，名叫郴江。自秦以来，郴州即为历代县、郡、州、府的政治、经济文化中心，至今已有2000多年的历史。宋时，诗人秦观被贬湘南，阪居旅驿，作《踏莎行·郴州旅舍》一首，留下"郴江幸自绕郴山，为谁流下潇湘去"的名句。词虽主体伤感，却也有情有景，情景交融，自此，郴州之名更为天下人传颂。

崔庆远智辩退侵者

南齐明帝建武元年（494）十月，被封为宣城王的萧鸾把刚当了三个月皇帝的萧昭文贬为海陵王，自己做了皇帝。北魏孝文帝拓跋宏决定以此为借口，讨伐南齐。南齐明帝建武二年（495）春天，他亲自率领30万大军，浩浩荡荡地渡过淮河，进逼寿阳。在寿阳城下，他派人传唤南齐的官员出来对话，以使南下入侵更加名正言顺。

豫州刺史、丰城公萧遥昌便派参军崔庆远出城应对。

崔庆远来到拓跋宏面前，在马上作了个揖，问："陛下，贵军远道而来，涉足我朝领土，不知是什么原因？"

"原因当然有。"拓跋宏说，"不知崔参军希望朕直言不讳呢，还是留点面子？"

"我不知陛下的来意，当然希望直截了当。"

"请问参军，宣城王为什么要连续废去两个皇帝，自立为君呢？"

"废昏君，立明主，自古皆然，陛下有什么不可理解的呢？"崔庆远笑了。

"武帝的子孙难道都没有了吗？"拓跋宏提高嗓门质问道。

"有七个亲王因为制造骚乱，已经像周代的管叔鲜和蔡叔度一样伏法了，其余的20多位有的在朝廷担任清贵显要的职务，有的在州郡镇守一方。"

"宣城王为什么不从近亲中选立皇帝，自己做个周公，而要自己当皇帝呢？"

"周成王有亚圣的品德，周公才能辅佐他，本朝先帝的近亲中没有周成王。汉代霍光也是舍弃汉武帝的近亲，立汉宣帝刘询，就因为刘询有贤德。"

拓跋宏听到这里，目光一闪，马上追问："霍光为什么不自己当皇帝？"

崔庆远应声回答："霍光姓霍不姓刘。本朝主上可比汉宣帝，不可比霍光。想当年，周武王伐纣，也没立纣王的近亲，难道周武王也大逆不道吗？"

拓跋宏哈哈大笑，他十分佩服崔庆远的口才，这样争论下去，显然对他不利。

"崔参军，朕本来是兴师问罪的。"他爽直地说，"听你一说，心里亮堂了许多。"

"是吗？"

"是，是这样……"

"陛下，恕外臣冒昧，'知可而进，知难而退'，这样的人算得上圣人的老师。"崔庆远说。

"你是否希望和朕和睦相处？"拓跋宏问。

"陛下，"崔庆远不卑不亢地回答，"和睦相处，两国交欢，百姓受益。否则，战端一开，必使生灵涂炭。眼下能否和睦相处，全看陛下的了。"拓跋宏听了很高兴，马上赏赐崔庆远酒菜和衣服，并让他返回寿阳城。同时，他决定放弃寿阳，转战他处。

■ 故事感悟

好口才除了要言辞犀利到位之外，关键还要机敏善识，不然再美的词语也无济于事。崔庆远抓住宣城王自封皇帝名正言顺为由不放，进而令拓跋宏敬而远之，这对今天的我们同样有着深刻的指导意义。

■ 文苑拾萃

胡 服

胡服是古代诸夏汉人对西方和北方各族胡人所穿的服装的总称，即塞外民族西戎和东胡的服装，与当时中原地区宽大博带式的汉族汉服有较大差异。后亦泛称汉服以外的外族服装。胡服一般多穿贴身短衣、长裤和革靴，衣身紧窄，活动便利。

狄仁杰智解斗小人

狄仁杰（630—700），字怀英，唐代并州太原（今山西省太原南郊区）人。唐（武周）时杰出的政治家，历官并州都督府法曹、大理丞、侍御史、宁州、豫州刺史，武则天即位，任地官侍郎、同凤阁鸾台平章事，后为来俊臣诬害下狱，贬彭泽令，转魏州刺史，神功初复相，后入为内史，后又封为梁国公。在武则天当政时，以不畏权贵著称。

狄仁杰是唐（武周）时杰出的政治家，武则天当政时期任宰相。

在唐高宗李治驾崩后，胆识过人、才貌出众的武皇后实行文治武功，迅速扫清一切政敌，从容登上皇帝宝座，打破了几千年男尊女卑的传统，首次使男人们跪倒在女人的脚下，山呼万岁。

初登皇位的武则天，改国号为"周"，自立为武周皇帝。她重视农桑，任人唯贤，实行比较开明的政策，社会经济与文化也因之得到了空前发展，使唐初以来的贞观盛世进入巅峰时期。随着功成名就，武则天的野心也日益膨胀，总想一揽天下，为此，她自己造了一个"曌"字，取名"武曌"，意思是：我要像日、月一样，映照

四方。

慢慢地，武则天开始居功自傲，听不进忠直之言，并任用一些善于阿谀奉承、溜须拍马的谄佞小人。一时间，忠臣被贬杀，小人步青云，朝野内外，人人自危。

刚直不阿的宰相狄仁杰看在眼里，急在心中，决心要找机会教训一下奸佞的小人，煞一煞日甚一日的献媚、进谗歪风。

一天，几个玩弄文字的大臣为了迎合武则天改字，讨她的欢心，向武则天进言："女皇称帝，亘古未有，因此，国家的'国'字理当改一下，才能够区别于从前的国家。"

武则天听了，非常高兴，于是降旨："你们说得很有道理，很合我心，我命令你们，三日内把'国'字改好。"

几个文人接旨后，欣喜若狂，终于有了讨女皇帝欢心的机会了。

回府后，几人绞尽脑汁、挖空心思地连夜商讨，还真的改成了。

第三天早晨，几个文人兴高采烈地来到金殿，高呼"万岁，万万岁"，递上了奏本。

武则天一看，奏折上的"国（國）"字中的或改成了"武"字，一个文人上前解释道："奏明女皇万岁，我们把'武'字写入'口'中，寓意是：武家坐镇江山，千秋万代，天下永属武家。"

武则天听了，非常高兴，正要下旨嘉奖他们，忽见老宰相狄仁杰上前奏道："启奏陛下，老夫记得'囚犯'的'囚'字是把'人'圈在'口'内，就成为囚犯；如果要把'武'字圈入'口'中，这不是想要把陛下您变成囚犯吗？"

武则天听后，若有所悟："狄大人说得正确，这样改'国'，不是图谋不轨、犯上作乱吗？拉出去斩首示众。"

随后，另一文人又上前奏道："启奏皇上，武皇威震天下，理应统治八方，故应把'八方'放入'口'内。"

武则天用手比画着该字，喜笑颜开地说："这回么，很合我意，我赏你……"

"这样还是不可以。"未等武则天说下去，狄仁杰又奏道："此种改法，更是不妥。"

"还是不行，又怎么了，狄大人？"狄仁杰两次阻拦，武则天有些不高兴了。

"若把'八方'放在'口'内，不是要引八方豺狼入室吗？这就意味着，国内空虚，众多小国入侵中原，那陛下还怎么稳坐江山？"

"大胆奴才，竟敢改字来诅咒我，推出去，斩了！"

武则天听了狄仁杰的解释，怒不可遏地把这个献媚的人也杀了。

武则天深信狄仁杰的解说，连斩二人，其余想以改字讨好女皇的文人都很畏惧狄仁杰的机敏强辩，个个闭口无言，心惊胆战，急忙跪地求饶。

武则天余怒未消，下令将他们全部革职，发放到边远地区，永远不许返回京都。

狄仁杰靠着出众的才华和超人的智慧，巧妙地借题发挥，因势利导，严惩了谄媚的人，捍卫了忠直正气。

■故事感悟

狄仁杰以机敏的才智后发制人，狠狠地打击了官场小人的卑鄙行径，肃清了朝廷风气，可叹可敬。人们在感叹其忠心为国的高尚道德情怀的同时，也钦佩其惊人的才华以及机敏的反应力。

桥 陵

位于今陕西渭南市蒲城县城西北 15 公里的丰山。桥陵以山为冢，在山腹开凿地下宫殿，在地面上绕山筑城，四面各开一门，陵园周长约 13 公里。因建于开元盛世，各种设施十分崇厚。距今已历经 1270 多年风蚀雨剥，但所保留的 40 多尊巨大石刻：石华表、石鸵鸟、石马、石人、石狮等，依然眉目清晰，生动自然。石雕排列成行，气势磅礴，蔚为壮观，堪称盛唐石刻艺术的露天展览馆。

八岁对句讽问官

戴大宾（1489—1509），字宾仲、寅仲。福建莆田人。明正德三年（1508）探花，授翰林院编修。史料记载，戴大宾3岁就学背诗文，5岁便能吟诗作文，尤善联诗作对，被称为神童。他会试第二，殿试第三，年仅20岁，被称为少年进士，他的殿试策卷一经刊出便流播海内。

明代冯梦龙在《古今谭概》中，叙述了明代人戴大宾小时候善于对句的故事。

戴大宾是福建莆田人，小时候就读过许多书，知识面广，而且善于对句，妙语连篇。

戴大宾8岁那年，有次到书院游玩，主持书院的老师听说这孩子小小年纪还会对句，有些不信，想试他一试，于是就手指大厅中的椅子，出了句对联：虎皮褥盖学士椅。

没想到戴大宾随口回答：兔毫笔写状元坊。

戴大宾出口不凡，8岁孩子就有夺状元的雄心，令这位考师连声称奇。

那时，每三年在省城举行一次乡试，考中的称举人。戴大宾13岁那年也去投考，结果竟然考中了举人。

一天，有位贵老爷来看望戴大宾的父亲。他看见一个孩子正在庭院里玩，以为这孩子不过是初识字而已，就出了"月圆"这两个字的简单对子考孩子。

戴大宾想："你也太小瞧我了，出这样肤浅的对子让我对。我不妨捉弄他一下。"

于是，戴大宾答道："风扁"。

贵老爷听后不理解，问："风怎么成扁形呢？"

戴大宾解释说："风连侧缝也能进去，不扁能成吗？"

贵老爷又出一对子："凤鸣"。

戴大宾回答："牛舞"。

贵老爷一听又糊涂了，问："牛怎么会跳舞呢？"戴大宾又解释说："古书讲'百兽率舞'，牛难道不包括在其中吗？"

贵老爷一听，大加赞叹："对，说得有理！"他一打听，才知道这位年仅13岁的孩子已是个举人了。

其实戴大宾的对语，对这位老爷还含有讽刺意思，"风扁"是讽刺这位贵老爷从门缝里看人，将人看扁了；"牛舞"是讥讽对方像牛一样。不过这位官老爷可一点都没听出来。

□故事感悟

有一位语言大师说过："巧妙的语言在于绝对不要回答那些虚拟的话，而要把握住语言与事物之间的联系……"戴大宾的应对巧妙而求实，在于他的语言能够迅速地同某一贴切的事物联系到一起，既让对方觉得言之有理，又达到了讽刺对方的目的。

戴大宾善对

戴大宾善对令，不少才人都想当面一试。一日，戴大宾欲往阔口舅家做客。当他途经阔口桥时，忽见桥头有人拦住他的去路，心想：莫非又有人给我出难题了？果不其然，其中有一位书生模样的年轻人拱手作揖道："请问您就是戴大叔吗？""在下便是，有何见教？""久仰大名，小生只是想向您讨教一下，不知您肯赏脸否？""好，但说无妨。""那就恕我冒昧了，"小生指着阔口说出了上联，"地名阔口何无舌？"了不起，端得出的好对呀！赞叹之余，戴大宾心想，说什么也不能栽在这个后生手里。这时，他猛抬头看见眼前的壶公山，立即茅塞顿开，朗声答道："山号壶公岂有须。"如此工整的对仗，堪称珠联璧合，无可替代。

咏九鲤

（明）戴大宾

云霞莽相逐，水天同一色。
何处有瑶花？湖空秋月白。

艺匠救忠戏奸臣

袁彬（1401—1488），字文质。江西新昌县义钧乡（今宜丰县澄塘镇秀溪村）人。明代光禄大夫，上柱国左军都督。袁彬出生于近侍家庭，自幼聪颖，能诗善文。其父袁忠，建文四年（1402）被选为锦衣卫校尉，在宫中近40年，一直为皇帝的近侍。正统四年（1439）袁忠辞疾家居，39岁的袁彬代其校卫职。袁彬虽地位卑微，后因在"土木堡之变"护驾北征，成为捍卫国格、护驾有功的英雄。

明英宗天顺年间，锦衣卫指挥门达专权。袁彬因曾在土木之变时护驾有功，深得英宗信赖，门达因而嫉妒，于是暗中派人刺探袁彬的隐私，想找到把柄置袁彬于死地。

当时有个叫杨暄的艺匠，善于制作倭漆，因此外号叫杨倭漆。他听说门达想陷害袁彬，很是气愤，于是写了20条门达的罪状呈给英宗，并再三说明袁彬所受的冤屈。

英宗命门达传讯杨暄审问。杨暄见了门达，毫不惊慌，就好像事情根本不是他做的一样，对门达的问话一律答"不知道"，并且说："我是一名艺匠，没念过什么书，和大人您也从没有过矛盾，怎会做出这种事？但大人若能屏退左右，我就将整个事件的实情禀告大人。"

两人独处后，杨暄告诉门达："事实上这一切都是内阁李贤授意我做的，他要我呈给皇上一封奏书，至于内容写些什么我实在不知。如果大人在朝廷百官面前询问我，我愿意当众和李贤对质，李贤一定无法狡赖。"

门达听了非常高兴，便以酒肉招待他。

第二天早朝时，英宗命有关大臣齐集午门，杨暄入殿后，门达对李贤说："这一切都是你的计谋，杨暄已从实招了。"李贤正一头雾水时，杨暄便大声说："我死也就罢了，为什么要诬赖好人？我一个小百姓，怎么可能见到内阁大臣呢？老天在上，这一切都是门达教我的。"

接着，他又详细说明所呈奏皇上有关门达的20多条罪状，门达当场灰头土脸。英宗虽未将门达治罪，但从此对门达疏远许多。袁彬则被派往南都，一年后又奉旨回京，日后门达也因他罪贬至广西，最后死于广西。

▢故事感悟

杨暄处事机警，寥寥几句话便起到了四两拨千斤的功用，不仅使自己化险为夷，也达到了救助忠良的目的。由此可见，机智地运用话语的力量有时要胜过真刀实枪。杨暄在类似事件中的所作所为虽属无奈，但却引人深思。

夏完淳怒斥洪承畴

由于众寡悬殊，义军最后还是被清军打败了，吴日升和陈子龙相继牺牲。可是夏完淳仍然满腔热情地四处奔走，宣传抗清，联络抗清志士。他还写了大量诗篇，抒发忧国忧民的心情，但由于南明政权无心也无力组织抗清，这使夏完淳的种种努力都化成了泡影。1647年秋天，夏完淳写给鲁王的一封奏折不慎被清军查获。几天之后，清兵闯入他家，把他和他的岳父钱旃一起抓住，押送到了南京。

在审讯的堂上，夏完淳昂首挺立，坚决不肯跪下。此时审讯夏完淳的是明朝的降臣洪承畴。他听说博学多才、声震江南的"神童"夏完淳被抓到了，就决定亲自劝他降清。此时此刻，夏完淳看到这个背叛了大明朝廷、甘心为清朝做奴仆的狗官，心里怒火中烧。

洪承畴假惺惺地说："你年纪轻轻的，哪能够领兵造反呢？一定是上了奸人的当。看你年幼无知，实在可怜。只要肯归顺我朝，回去好好读书，本督将来保你做大官。"

夏完淳装作不知道的样子，故意说："我听说有个亨九（洪承畴的字）先生是本朝的大忠臣。松山杏山一战，他身先士卒，壮烈殉国。我虽然年幼无知，可早就十分仰慕他的忠烈。我如今要像他那样杀身报国，决不投降。"

洪承畴身边的卫兵还以为夏完淳不知道是谁在审问他，就悄悄告诉他，现在端坐在堂上的就是亨九先生。他归顺了清朝，还做了大官。

夏完淳听了，更加气愤，冷笑一声说："亨九先生早已经殉国了，天下人谁不知道？当时先皇帝（崇祯）还亲自设祭，泪流满目，众大臣东向遥拜。你们这些小人是什么东西，竟敢假冒忠臣大名，污辱忠魂，实在可恨可恶！"

夏完淳义正词严的话语，说得洪承畴坐立不安，却又无言以对，好半天才有气无力地把手一挥，说："带下去！"他原以为，一个十六七岁的孩子很好对付，不料夏完淳竟当着许多文武官员的面，口口声声称他是以身殉国的大明忠臣，真是又羞又恼，哭笑不得。

　　夏完淳在狱中泰然自若，谈笑自如。他知道自己不可能生还，便把生死置之度外，在狱中写下《狱中上母书》，向母亲表达自己忠贞不屈的爱国之心，并安慰母亲说："人生谁不死，最要紧的是怎么死，要死得有价值。为国而死，正是尽了我的本分。"夏完淳在狱中还写下了《遗夫人书》和诗集《南冠草》。

　　夏完淳曾写了一首诗赠给岳父钱旃，诗中说：

　　乐今竟如此，王郎又若斯。自差秦狱鬼，犹是羽林儿。

　　月白劳人唱，霜空毅魄悲。英雄生死路，却似壮游时。

　　在监狱中，钱旃没有像夏完淳那样坚定，而是愁眉苦脸，言谈话语中常常流露出乞求活命的心意。夏完淳用民族大义开导他，并写了这首诗。夏完淳还慷慨地说："当年我们与陈公（陈子龙）一同饮血酒起义，江南人民莫不踊跃参军。今日兵败被擒，我当和岳父大人一起慷慨就义，才能对得起陈公和死难的义士，也才算得上堂堂大丈夫。怎么能贪生怕死，苟且偷生地活着呢？"